KB265361

자연언어학회 학술총서 12

# GB이론과 최소주의

# GB이론과 최소주의

박연미 · 서수현 · 최숙희

도서출판 동인

인간의 언어능력은 진화의 산물이며 비교적 단기간에 일어난 돌연변이로 생성된 물질이라는 것이 다윈 이래 현대 자연과학의 결론이다. 다윈의 문제는 문법성과 문법성을 구별하는 거리에 의존한다. 만일 그 거리가 멀고, 언어능력이 복잡하다면, 진화적 거리를 극복하기 위하여 매우 오랜 세월이 필요하다. 그러나 그 거리가 짧고 매우 간단한 방식으로 정오판단을 할 수 있다면 진화에 필요한 기간이 매우 단축된다.

이런 관점에서 보면, GB방식으로 문법 설명을 하는 것은 두 가지 이유에서 문제를 일으킨다. 첫째, GB는 언어능력을 상당한 내적 복잡성을 가진 체계로 묘사한다. 여러 가지 모듈이 있고, 각각의 독립성을 가지면서도 다른 한편으로는 그들끼리 복잡한 상호작용을 하는 문법장치를 정당화하려면 진화에 걸리는 세월이 매우 길어진다. 둘째, 보편문법에 속하는 많은 원리와 작용들이 GB에만 특별히 필요한 허구적 장치이며, 일반적 자연계에서 통하는 원리가 아니라는 결함이 있다. 따라서 이러한 장애요소들을 제거하고 진화론적 관점에서 수용하기 용이한 형태로 문법이론을 재구성한 것이 최소주의이다.

최소주의는 진화적 관점에 부합되면서 생물언어학적 관점을 수용한다. 대상이 무엇이든 둘을 묶어서 하나로 정보 처리하는 것은 자연계 어디서나 보편적으로 존재하는 일반원리이다. 비용절약을 하려면 가급적 기억용량을 최소화하고, 의존거리를 최단거리로 하는 것이 유리하다. 자연은 이익을 따라 움직인다. 그러므로 자연계에 존재하는 모든 연산장치는 저절로 최소성 원리를 따르게 된다. 최소주의는 모든 문법현상을 병합, 연결, 복사, 경로-최소성으로 단순화시킨다.

GB이론과 비교하면, 최소주의 프로그램은 여러 각도에서 지지를 받는다. 문법이론은 줄이면 줄일수록, 하나의 원리가 담당하는 경험적 작업량이 많아진다. 따라서 경제적 이론이 더 미덕이다. 또한 진화론적 관점에서 보아도 더 설득력이 있다. 이론이 간단하면, 진화를 설명하기가 더 용이하기 때문이다. 예를 들면, 행위자개념은 주어개념보다 선행한다는 것이 진화론적 시각이다. 진화론적 우선순위라는 개념을 문법에서 자연스럽게 수용하고 설명하려면 생물학적 타당성을 확보한 최소주의가 더 적합하다. 언어능력은 돌발적으로 하늘에서 뚝 떨어진 것이 아니라, 이미 자연계에 존재하던 일반적 연산원리를 재활용한 것이다. 진화의 방식이 바로 재활용이므로 인간언어도 마찬가지로 그런 경로를 밟아 발현된 것으로 보는 것이 자연스럽다. 따라서 수학적 집합개념은 최소주의의 근본적 바탕이 된다. GB는 그와 동떨어진 관점에서 오직 인간언어에만 집중하여 추상적인 원리들을 조합한 모델이므로 진화론적 관점에서 보면 수용할 수 없다.

이 책은 GB이론에서 최소주의로 변화하는 과정에서 어떤 일이 일어났는지 밝히고 그동안의 이론적 변천을 한 눈에 알아보기 쉽도록 구성되어 있다. 각 장의 요약은 다음과 같다.

1장은 논항구조에 대한 최소주의의 접근방식을 다룬다. 분리동사구 가설은 과거에 의미역 이론이 수행하던 역할을 대신한다. GB이론에서는 의미역기준에 의하여 모든 서술어는 자신이 필요로 하는 논항만 가져야 하며, 모든 논항이 해석을 받아야 한다는 규칙이 존재하였다. 최소주의의 관점에서 보면 어휘부에서 논항구조를 다루는 GB이론이 경험적으로나 이론적으로 보나 문제를 유발한다. 특히 VP를 의미역 이론에 따라 분석하는 것은 Chomsky(1995)의 필수구구조(Bare Phrase structure)에서 절대 받아들일 수 없는 문제들을 일으킨다. 최소주의 문법장치에서는 통사-의미 접합면에서 통사부의 병합에 해당하는 프레게함수(Fregean function)가 적용된다. 이 함수는 의미역의 개수를 통제하고 제한하는 역할을 하기 때문에 과거 이론에서 의미역기준이 하던 역할을 완전히 대치할 수 있다. 사역구문과 같은 논항구조 교체를 살펴보면, 일본어에서는 형태론적 현상인 반면에 영어에서는 통사적인 현상이다. 동일한 의미현상을 두고 언어에 따라 각각 다른 방법을 적용하는 것은 최소주의 정신에 위배된다. 따라서 이를 해결하기 위한 방법으로 기존의 VP를 둘로 나누어 모든 서술부가 적어도 두 개의 투사범주로 구성되어 있다는 경동사가설, 또는 분리동사구가설을 받아들이게 되었다.

2장은 GB이론에서의 격이론과 다양한 격현상을 소개한다. 영어처럼 구조격으로 잘 설명이 되는 언어도 있지만, 그렇지 못한 언어도 있다. 아이슬란드어의 경우에는 다양한 특정격이 있음에도 불구하고 영어와 공통점이 많다. 한편으로 호주 원주민 언어를 살펴보면 격과 EPP자질을 따로 따로 설정해야 할 강력한 근거를 발견할 수 있다. 격현상을 살펴보면 외부논항이 있어야 목적어가 대격을 받는 필연적 관련성이 존재한다. 이를 설명하기 위하여 생긴 것이 경동사(v) 가설이다.

격현상을 보면 명사구는 반드시 격을 필요로 하지만, 동사구는 그렇지 않다. 동사구나 시제절이 격을 요구하지 않는 것은 이미 시제를 가지고 있기 때문이며, 시제는 곧 격이다. Pesetsky & Torrego(2004)는 격점검이나 가시적 이동을 하나로 통합하여 설명한다. 모든 미평가된 것은 평가를 받아야 한다. 가시적 이동은 의문사가 평가를 위하여 이동하는 것이다. 격이 없다면 명사구는 해석이 불가능하다. 의문사가 이동하지 않는다면 주절이나 중간절의 C는 값을 정할 수 없고 평가나 해석성의 관점에서 문제를 일으킨다. 그러므로 명사구만 격을 요구하는 현상이나 의문사의 가시적 이동이나 연속순환이동은 다같이 평가와 해석성의 관점에서 설명할 수 있다. 격과 시제는 근본적으로 그 본질이 하나이다.

마지막으로 연속순환이동에 대한 두 가지 관점을 비교한다. Chomsky (2000)에서 가시적 이동의 동인은 EPP자질이다. EPP자질은 T이면 범언어적으로 존재하고 C나 v이면 언어에 따라 선택적으로 존재한다. C나 v에 존재하는 경우, EPP자질은 선택적 자질이다. T에 필수적으로 나타나는 EPP자질은 명사구이동에 관여한다. 그러나    Pesetsky &

Torrego(2004)는 미평가된 자질을 다시 나누어 해석성에 따라 두 종류
가 있다고 본다. 예를 들면 주절의 C는 해석성이 있고, 중간절의 C는
해석성이 없다. 따라서 이러한 해석성의 차이로 의문사의 연속순환이동
을 설명한다. 이러한 이론에서 일치나 이동은 비해석성자질이 해석성자
질을 찾아 일어나는 것이 아니라, 미평가된 자질이 평가된 자질을 찾아
일어나는 것이다.

3장에서는 상대적 최소성을 다룬다. 일정거리 안에서만 문법현상이 일
어나야 한다는 국부성의 원리를 요약하면 간섭과 불가침이라는 두 가지
핵심요소를 추출할 수 있다. 초기이론에서는 what과 같은 논항은 이동
이 자유롭지만, how와 같은 비논항은 그렇지 못한 비대칭현상을 설명하
기 위하여 단순히 논항과 비논항이라는 구조유형을 도입하였다. 그러나
비논항이라고 모든 비논항 이동에 대하여 간섭효과를 나타내는 것도 아
니며, 어떤 경우에는 how의 이동이 who의 간섭에 의하여 차단된다. 그
러므로 구조유형만으로 경험적 설명력을 얻기에는 충분하지 않다. 이
문제를 해결하기 위하여, 논항, 양화, 수식어, 화제라는 세분화된 자질유
형 분류체계를 도입하여 간섭효과를 설명한다. 표적에 해당하는 간섭자
들은 이동을 차단하지만, 순수한 수식어 양태부사는 이동을 차단하지
않는다. 그러므로 간섭효과를 나타내려면 동일한 범주자질을 가지고 있
을 뿐만 아니라 충분히 유사한 자질을 가진 간섭자이어야 한다. 다중이
동제약과 습득에 있어서도 이러한 비대칭과 간섭효과는 나타난다.

# 차 례

# 1

# 논항구조

논항구조와 논항구조의 교체(alternations)에 대한 최소주의 분석은 지난 15년간 급진적으로 발전해 왔고, 다양한 언어들의 논항구조와 관련된 현상들을 연구하고 새로운 분석들을 제안했다. 특히 서로 관련이 없는 것처럼 보이는 여러 현상들에 대하여 유사한 분석을 제시함으로써 논항구조에 대한 포괄적인 이해를 도모했다.[1] 물론 이러한 이론들이 구체적으로 어떻게 적용되는가는 이론에 따라 차이가 있지만 논항구조에 대한 전반적인 분석에 대하여는 거의 동의가 이루어졌다.

이 장에서는 분리동사구(split-VP) 가설에 대한 여러 분석들을 살펴보겠

---

[1] 구체적으로 예를 들면, 비능격동사 구조, 사역/기동교체 구문, 이중목적어 구문은 서로 아무 관련이 없는 구조를 가지는 것처럼 보인다. 그런데 본고에서 다룰 분석은 이러한 구문들이 기저에서는 공통의 구조를 공유한다는 것을 보여줄 것이다.

다. 분리동사구 가설은 GB의 의미역 이론이 담당하던 대부분의 기능을 대신한다. 구체적으로 분리동사구 가설이 논항구조와 논항구조의 교체를 어떻게 다루는지를 살펴보고 이러한 최소주의 분석이 가지는 이론적인 결과들에 대하여 논하겠다.


## 1.1. 최소주의 이전 의미역 이론

GB이론은 서술어를 어휘목록(lexical entry)에 기술된 여러 종류의 정보를 가지고 있는 것으로 다루었다. 어휘목록은 기본적으로 소리와 의미의 사상(mapping)에 대한 정보뿐 아니라, 서술어의 통사범주와 통사적 특성들에 대한 정보를 가지고 있고, 특히 서술어가 필요로 하는 논항의 개수와 종류가 명시되어 있다. 논항과 관련된 정보를 서술어의 의미역 격자($\theta$-grid)라고 부른다. 예를 들면 타동사에 대한 GB이론의 어휘정보는 아래와 같다.

> (1)  PHON: kiss
>      SYN  : [___v NP$_{ACC}$]$_{VP}$
>      SEM  : [Agent, Patient]    (or: [1,2], or [kisser, kissee])
>                 + some notion of what 'kiss' means

의미역기준(Theta Criterion)과 투사원리와 같은 원리들에 의해서 통사구조가 걸러지기 때문에 서술어가 필요로 하는 수만큼의 논항만 허용된다. 즉 의미역격자가 요구하는 논항의 개수보다 적어도 안 되고 많아도 안 된다.

그런데 의미역격자가 요구하는 논항보다 더 많은 수의 논항이나 혹은
더 적은 수의 논항이 나타나는 경우가 있다. 이러한 경우 의미역격자를
바꾸기 위한 어휘운용이 필요하게 된다. 예를 들면, 수동태규칙은 (1)에
있는 표현(representation)을 (2a)와 같은 표현으로 바꾼다. 또한, 행위자
명사화 규칙이 (1)에 적용되어 (2b)와 같은 표현을 도출한다.

    (2)  a. 수동태 규칙적용

        PHON: kissed

        SYN  : [___]$_V$

        SEM  : [Patient]  (or: [1], or [kissee])

               + some notion of what 'kissed' means

       b. 행위자 명사화 규칙적용

        PHON: kisser

        SYN  : [___]$_N$

        SEM  : indexed $\Theta$-role of the V- either $Agent_i$ or

               $Instrument_i$[2]

               + some notion of what 'kisser' means

논항구조를 바꾸는 다른 어휘 운용으로는 '사역화'(causative), '여격이
동'(dative shift) 등이 있다. 이러한 어휘운용들은 모두 어휘항목이 자신
의 논항구조와 하위범주화 요건이 맞지 않는 상황에 나타날 때를 다루
기 위한 것이다. GB이론에서는 생성어휘부(generative lexicon)를 설정
하여 특정 어휘 항목들이 어휘규칙에 의해서 좀 더 기본적인 다른 어휘

---

2) 영어에서 kisser는 키스하는 사람의 의미일 수도 있고 키스를 하는 도구의 의
   미일 수도 있다. 따라서 행위자 또는 도구의 의미역이 가능하다.

항목으로부터 도출된다고 보았다. 이러한 어휘규칙들은 통사적인 영향을 줄뿐 아니라 형태적으로나 의미적으로도 영향을 준다.

특히 동사의 의미역구조와 동사로부터 투사된 통사구조의 관계를 지배하는 원리들이 무엇인지를 밝히는 것이 많은 이론의 핵심이 되었다. 예를 들면, Baker(1988)의 UTAH, Tenny(1992)의 상(相)사상(Aspectual Mapping)가설, Levin & Rappaport(1995)의 연결(linking)규칙은 사건의 참여자들이 적절한 통사구조에 나타나도록 제한한다. 즉 이러한 이론들은 특정 의미역을 가진 논항과 그 논항이 나타날 수 있는 통사구조의 관계성을 설명하기 위한 것이다. 앞에서 언급했듯이 의미역기준에 의해서 모든 서술어는 자신이 필요로 하는 논항만 가져야 하고, 이것은 바꾸어 말하면 모든 논항이 해석을 받아야 한다는 뜻이다.

최소주의가 추구하는 목표가 처음으로 기술되었을 때(Chomsky 1995), 논항구조를 어휘부에서 다루었던 GB이론이 여러 면에서 최소주의의 정신과 맞지 않는다는 것이 지적되었다. 이론적으로 보면 생성부문(generative component)을 통사부문과 어휘부문으로 나누는 것이 개념적으로 꼭 필요한 것만을 취해야 한다는 최소주의 정신과 맞지 않는다. 또한 경험적으로는 VP를 의미역 이론에 따라 분석하는 것이 Chomsky(1995c)의 필수구구조(bare phrase structure)의 관점에서 보면 심각한 문제들을 초래한다. 최소주의의 통사-의미부 접합면에서 통사부의 병합에 상응하는 프레게함수(Fregean function)가 적용되는데 이 함수가 의미역기준이 설명하는 것을 담당하기 때문에 의미역 기준은 불필요하거나 심지어 잘못된 개념으로 평가되었다. 마지막으로 최소주의 관점에서 보면 통사부와 형태부 사이의 긴장이, 특히 논항구조 교체를 다룰 때 문제가 된다. 논항구조의 교체를 설명하기 위한 어휘규칙들이 많은 언어에서 대부분 통사적으로 일어나는 현상들인데도 불구하고 GB이론은 형태론적인 분석을 제안하였다. 예를 들면 사역구문이 일본어에서는 형태론적인 현상인 반면 영어에서는 통사적인 현상이다. 이것은 LF에서 동일한 효과를 초래하는 현상을 언어에 따라 각각 다른 방법을 적용하는 것이기 때문에 최소주의 정신과 맞지 않는다.

다행히도 이런 문제들을 해결하기 위한 방법들이 이미 학계에 많이 소개되었다. 예를 들면 Hale & Keyser(1993, 2000)는 l-syntax을 기초로 사역/기동(inchoative) 교체와 명사에서 파생한 동사에 대한 분석을 제안했고, Travis(1991)와 Borer(2005)는 사건구조와 통사부에 대한 분석을 제안했고, Larson(1988)은 이중목적어(ditransitive) 동사의 구조에 대하여 제안했고, Halle & Marantz(1993)는 형태-통사부 접합면에 대한 분석을 제안했다. 이 모든 분석들은 공통적으로 동사서술부가 적어도 두 개의 투사범주로 이루어졌다는 little v 가설을 제안한다.

## 1.2. 의미역 이론의 제거

최소주의이론은 의미역 이론을 별도로 설정하지 않고, LF표시의 해석문제를 다룰 때 의미역 이론이 담당하던 것들을 다룰 수 있다고 주장한다. 예를 들면, 프레게의 의미구조에 따르면(Heim and Kratzer 1998), 서술어는 일종의 함수(functions)로서 LF에서 해석을 받기 위해서 반드시 논항과 연관되어야 한다. 즉 포화되지 않은 서술어나 서술어와 연결될 수 없는 여분의 논항은 유형(type) 불일치를 초래하고 따라서 해석을 받지 못한다. 양화사나 부사 또는 형용사 수식어를 설명하기 위해서 프레게 의미론과 같은 것이 독립적으로 필요하다면, 서술어가 논항이 필요하고 또한 논항이 서술어가 필요하다는 관찰을 설명하기 위해서 별도의 의미역기준과 같은 해석 기제를 만드는 것은 최소주의 원칙에 위배한다. 최소주의의 LF 접합면에 대한 프레게의 의미함수 기능에 따르면, 완전해석원리만으로도 의미역기준이 설명하고자 했던 것을 충분히 설명할 수 있다.

그렇다면 GB이론의 어휘부에서 의미역격자에 작용하여 새로운 논항구조를 만들었던 어휘운용들이 최소주의에서는 어떻게 대체되는가? 예를 들면, 최소주의에서는 한 동사의 사역과 기동(inchoative)의 관계, 능동과 수동의 관계를 어떻게 포착할 수 있는가? GB이론과 유사하게 통사부 이전에 적용되는 운용들이 있다고 가정할 수도 있겠다. 그러나 한 개의 형태소로 구성된 서술어들도 통사적으로는 복잡한 구조를 가지기 때문에, 최소주의자들은 어휘부의 생성규칙이 불필요하고 따라서 바람직하지 않다고 본다. 따라서 논항구조의 교체도 통사구조를 만드는 일반적인 병합과 이동으로만 다루어야 한다고 주장한다. 이러한 주장에서 가장 중요한 가설은 외재논항을 어휘동사로부터 격리하는 것이다. 즉 외재논항을 어휘동사가 아닌 별도의 서술어의 논항으로 다루는 것이다. 이제 이러한 가설을 기초로 하는 분석들을 살펴보고 그러한 분석들이 논항구조에 대하여 어떤 결과를 초래하는지 살펴보겠다.

### 1.2.1. 논항구조에 대한 구조적 제한: Hale & Keyser(1993, 2000)

Hale & Keyser(1993, 2000, H&K)가 처음으로 의미역의 어휘-의미와 관련된 문제들을 해결하기 위한 시도를 했다. 의미역은 왜 많아야 6, 7개인가? 왜 50개 혹은 60개가 아닌가? 왜 열개 남짓한 의미역이 언어에 따라 격표지, 전치사 또는 분류동사의 어근의 숫자와 비슷한가? 한편 Dowty(1991)는 의미역이 단지 두 개라고 주장했다. 즉, 원형수동자 ('proto Patient') 의미역과 원형행위자('proto Agent') 의미역 두 개만이 존재한다고 주장했다. 그 외의 다른 의미역은 이 두 개의 의미역 중간에 속하는 것으로 이 두 의미역의 의미자질을 적절히 조합하여 얻게 된다. 더욱이 6, 7개의 의미역들은 유생/무생의 쌍으로 나타난다고 보았다. 즉 Agent/Causer, Patient/Theme, Experiencer/Goal과 같은 쌍이다. 대부분의 통사적 현상은 Dowty가 제안한 것 같은 "초 의미역(macro-roles)"을 가지고 설명할 수 있다. 다시 말해, 의미역을 세분해서 사용해야 할 때는 통사적인 목적보다는 의미론적인 목적 때문이다. 따라서 6-7개의 의미역만으로도 GB의 의미역 이론과 관련된 통사적 자료를 다루기에 충분하다.

H&K는 이러한 이론적인 질문을 외관상 관련이 없는 듯해 보이는 형태론적인 질문과 연관시켰다. 먼저, 비능격(unegrative) 동사는 행위자 논항을 택하는 자동사인데, 두 개의 형태소로 구성되어 있다는 증거를 많은 언어에서 찾아 볼 수 있다. 즉 사건을 나타내는 명사와 행위자 의미를 가지는 경동사 *do*가 결합하여 비능격동사가 도출된다. Jemez와 Basque 언어에서 이와 같은 현상이 나타나는데 그 예가 (3)과 (4)에 제

시되었다(H&K 1995:115). 두 언어의 차이는 Jemez에서는 명사가 경동
사 *do*와 결합되는 반면, Basque에서는 독립적으로 그대로 남아있다는
차이 뿐이다.


(3)  Jemez

    a. záae-'a        'sing'
       song-do

    b. hiil-'a        'laugh'
       laugh-do

    c. se-'a        'speak'
       speech-do

    d. tu-'a        'whistle'
       whistle-do

    e. shil-'a        'cry'
       cry-do

    f. sae-'a        'work'
       work-do


(4)  Basque

    a. lo        egin      'sleep'
      sleep     do

    b. barre     egin      'laugh'
      laugh     do

    c. lan      egin      'work'
      work     do

    d. neger    egin      'cry'
      cry      do

e. eztul        egin        'cough'
   cough        do

f. jolas        egin        'play'
   play         do

g. zurrunga     egin        'snore'
   snore        do

영어에서도 비능격동사와 사건명사 사이의 관계성이 잘 나타난다. 전부
는 아니지만 대부분의 비능격동사는 형태변화가 일어나지 않는 대응 명
사형을 가진다.

(5)  to laugh, a laugh; to walk, a walk; to run, a run; to work,
     work; to swim, a swim; to dance, a dance; to whistle, a
     whistle; to sneeze, a sneeze; to scream, a scream; to shiver, a
     shiver

H&K는 영어, Jemez, Basque 등 다른 언어들을 비교 연구함으로써 모
든 비능격동사가 동일한 기저구조에서 도출된다고 제안했다. 즉 모든
언어는 기저에 특별한 동사— 일반적으로 *do*로 해석함— 가 투사되어서
행위자 의미역을 할당한다고 제안했다. 다시 말해 영어나 다른 언어의
비능격동사는 기저구조에서 타동사구조를 가진다. 즉 행위자를 취하는
경동사가 목적어로 명사를 선택하고 그 명사와 수의적으로 포합
(incorporate)하기도 한다고 제안했다. Jemez와 Basque는 비능격동사의
도출이 형태적으로 나타나는 반면, 영어는 외현적으로 형태의 변화가
없다는 차이뿐이다. 따라서 영어의 경우 비가시적인 동사형태소가 있다

고 가정하면 비능격동사와 명사의 관계성을 설명할 수 있다. 즉 영어, Jemez, Basque 또는 다른 언어들의 비능격동사를 단일한 구조로 설명할 수 있다. H&K는 다음과 같은 비능격동사의 구조를 제안했다.

(6)  비능격동사 도출

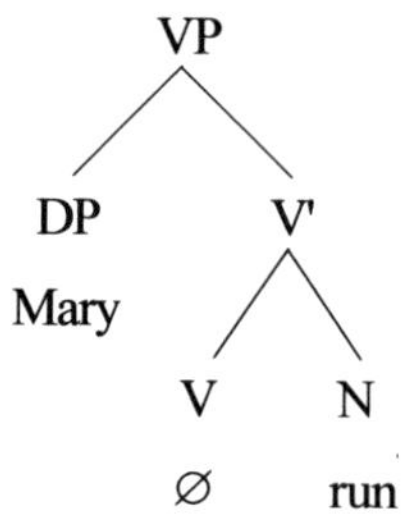

출생과 관련된 비능격동사들도(예, *calve, pup, whelp, foal, spawn*) 다른 비능격동사와 같은 구조를 가지기 때문에 이러한 동사들이 명사로부터 파생된다는 것을 잘 설명할 수 있다. 또한 이러한 비능격동사 구조는 왜 비능격동사가 항상 동일한 행위자 의미역만을 할당하는지를 잘 설명해 준다. 만약 모든 비능격동사가 영경동사(null light verb) '*do*'와 명사로 구성되어 있다고 하면, 행위자 의미역 배당자는 비능격동사가 아니라 비외현적 동사인 DO이다. 그리고 의미역을 줄 수 있는 요소가 하나밖에 없기 때문에 동일한 의미역, 즉 행위자 의미역을 배당한다. 비능격동사가 영어에 수백에 존재한다고 해서 의미역을 주는 동사의 종류도 수백 개에 달하는 것이 아니라, 단 하나의 동사가 동일한 의미역을 준다. H&K는 이러한 제안이 행위자 논항을 가지는 다른 종류의 동사에도 적용되는지 살펴보았다.

비슷한 상황이 사역/기동 교체를 하는 동사에도 일어난다. 많은 언어에서 "더욱 형용사처럼 되다"의 뜻을 가진 기동(inchoative) 동사들이 형태적으로 형용사와 관련이 있거나 형용사로부터 도출된다. 영어와 Hiaki 예문을 보자.3)

(7)

| **Verb** | **Adj** | **Verb** | **Adj** |
|---|---|---|---|
| to redden | red | sikisi | siki |
| to fatten | fat | awia | awi |
| to soften | soft | bwalkote | bwalko |
| to sharpen | sharp | bwawite | bwawi |
| to warm | warm | sukawe | suka |

형용사가 동사핵과 포합하여서 기동동사가 만들어진다면 이 두 요소들이 형태적으로 연관이 있다는 것을 예측할 수 있다. H&K는 형용사로부터 도출된 기동동사는 포합에 의해 도출된 비대격 결과문이라고 제안했다. 비대격동사의 구조는 아래와 같다.

(8)  비대격동사구조

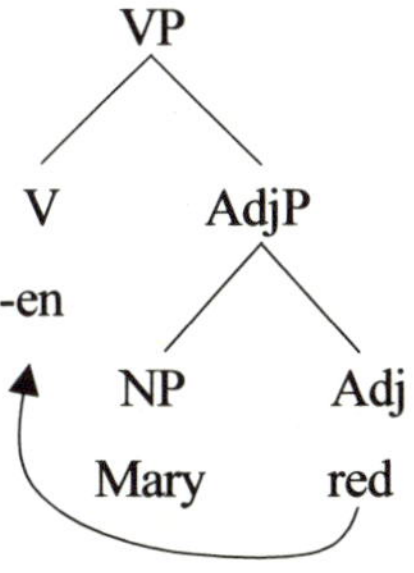



---

3) Hiaki는 멕시코의 소노로의 Uto-Aztecan 언어이다.

여기서 동사요소는 의미적으로는 기동 인상동사이고 구조는 *The sky turned red*나 *The sky got/became red*와 같다. VP의 지정어는 없고 따라서 행위자 의미역이 배당되지 않는다. 이러한 동사들은 비능격동사와 달리 교체할 수 있다. 즉 행위자 의미역이 나타나는 타동사 구문에 나타날 수 있다. 예를 들면 *The sun reddened the sky.* 이러한 경우 비능격동사와 마찬가지로, 동사를 만드는 요소가 행위자를 자신의 지정어 자리에 택한다고 가정할 수 있다. 기동동사를 사역동사로 바꾸면 아래와 같은 구조이다.

(9)

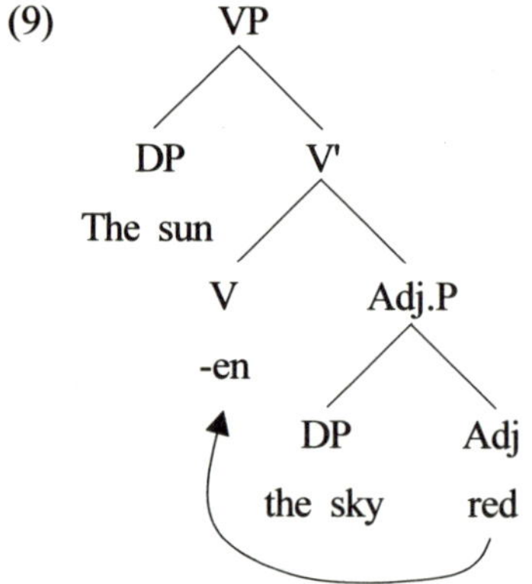



H&K의 제안은 궁극적으로 의미역을 완전히 제거하기 위한 시도이다. (8)의 구조에는 VP의 지정어가 없고 행위자가 없다. 그런데 (9)에서와 같이 사역동사로 바꾸기 위해서 자유롭게 VP의 지정어를 첨가할 수 있다. 반면 (6)의 비능격동사 구조는 VP의 지정어가 있기 때문에 (9)와 같이 항상 행위자 해석을 받는다. 결과적으로 행위자 논항을 가진 동사의 경우는 어떤 논항도 추가로 더해질 수 없기 때문에 **John laughed the baby*나 **John reddened the sun the sky*와 같은 문장이 불가능하다는

것을 설명할 수 있다.

H&K는 행위자 의미역은 VP의 지정어 자리에 나타나는 논항이라는 의미 그 이상도 그 이하도 아니라고 주장했다. 시제와 일치 형태소를 기능핵으로 설명함으로써 거울원리가 문법에서 더 이상 필요 없는 것이 된 것처럼, 의미역을 통사자리를 가지고 설명함으로써 UTAH와 같은 연결 (linking)원리들이 불필요하게 되었다.4) UTAH는 의미역격자의 요소와 통사자리를 연결하는 가설이라기보다는 논항들 간의 의미관계, 의미역 격자가 통사구조에서 차지하는 자리, 논항을 선택하는 기능어들에 의해서 설명될 수 있는 것들을 단순하게 다시 기술한 것에 지나지 않는다.

H&K는 비능격동사의 구조에 대한 분석을 또 다른 종류의 동사에 적용했다. 비능격동사의 구조와 같이 동사가 N을 보충어로 선택하고 동사가 지정어를 가진다면 어떻게 될까 (X DO N)? 또는 동사가 보충어로 형용사 서술어를 선택하고 지정어를 가지기도 하고 (X CAUSE [X Adj]), 지정어를 가지지 않는다면 어떻게 되는가 (BECOME [X Adj])? 또한 동사가 PP를 보충어로 택하는 경우가 있다 (X CAUSE [Y on/at/with Z]). Z가 동사와 포합하면 위치를 나타내는 명사에서 파생한 동사가 된다. 이러한 동사의 예와 구조는 아래와 같다.

(10)  a. bandage, bar, bell, blindfold, butter, clothe, curtain, dress, fund, gas, grease, harness, hook, house, oil, paint, pepper, powder, saddle, salt, seed shoe, spice, water, word

---

4) 거울원리는 통사적 핵이동에 의해서 설명되어지는 것들을 기술한 것에 지나지 않는다.

b. 구조

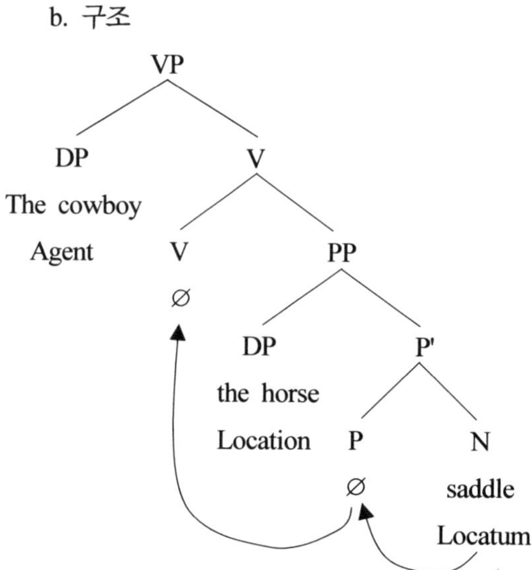

(10)에서도 행위자는 VP의 지정어 자리에 온다. 두 개의 내재논항은 PP
의 지정어와 보충어 자리에 온다.

따라서 H&K의 분석에 따르면 VP의 지정어 자리는 행위자 논항을 위
한 자리이고 행위자가 의미하는 것은 VP의 지정어 자리에 온다는 것일
뿐이다. 의미역은 구조의 자리에 의해서 결정되는 것이지 반대로 의미
역이 구조의 자리를 결정하는 것은 아니다.

H&K는 대상논항도 일정한 자리가 있다고 제안했다. (9)와 (10b)와 같
이 직접목적어가 있는 모든 구조에서 목적어는 대상논항이 가지는 전형
적인 특성인 상태나 위치의 변화를 겪는다. 두 경우 모두 목적어는 "내
부 주어" 즉 포함절 서술어의 주어이다. H&K는 전형적인 대상의미역

자리는 서술어의 내부 주어자리라고 제안했다. 다음으로 자주 나오는 목표/위치 의미역은 "내부 목적어"와 관련이 있다. 예를 들면, VP 안에 내포된 P의 보충어 자리가 (*put the book <u>on the table</u>*) 목표/위치 의미역 자리이다. 정리하면 행위자는 항상 VP의 지정어 자리에 오고, X'-구조에 따라 보충어와 지정어를 허용하기 때문에, 한 동사가 가질 수 있는 논항의 수는 최대 세 개이다. 이것이 앞에서 제시한 문제, 즉 왜 의미역의 숫자가 한정적인가를 설명할 수 있다. 즉 동사서술어와 관련해서 3개의 논항자리만이 가능하기 때문이다. VP의 지정어자리, V의 보충어 XP의 지정어 자리, V의 보충어 XP의 보충어자리만이 가능한데, 이것들은 각각 동사서술어와의 구조적 관계에서 특정한 해석을 받는다.

H&K가 제안한 분석에 따라 가능한 구조를 정리하면 다음과 같다. 경동사 서술어는 보충어로 명사(가지치기 안함), 형용사(이분지치기) 또는 전치사(지정어와 보충어를 가진 구조)를 택한다. 동사 서술어는 지정어 자리를 가질 수도 있고 갖지 않을 수도 있다. 즉 행위자 논항을 취할 수도 있고 취하지 않을 수도 있다.

또한 이러한 구조들에 상응하는 포합이 일어나지 않은 구조가 있다. 즉 형용사나 명사의 포합에 의해서 새로운 어휘내용을 얻기 보다는 외현적으로 동사서술어가 V 자리를 차지한다. 이러한 구조는 특정한 의미를 가진 동사들이며 해석은 통사구조로부터 도출된다.

(11) 포합이 일어나지 않은 동사종류들

a. creation/consumption의 의미를 가진 비능격동사

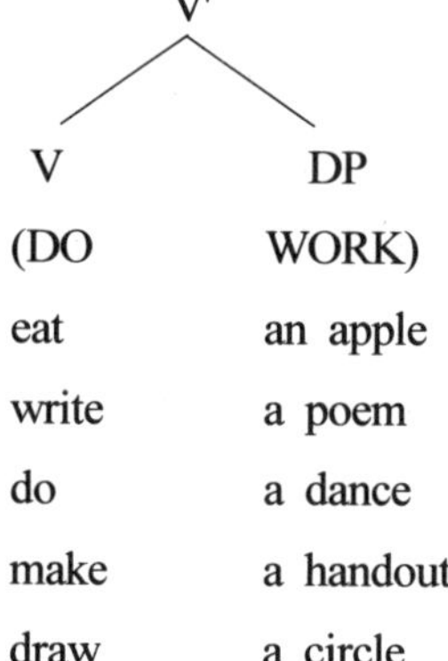



b. 이동의 의미를 가진 동사 (=위치동사)

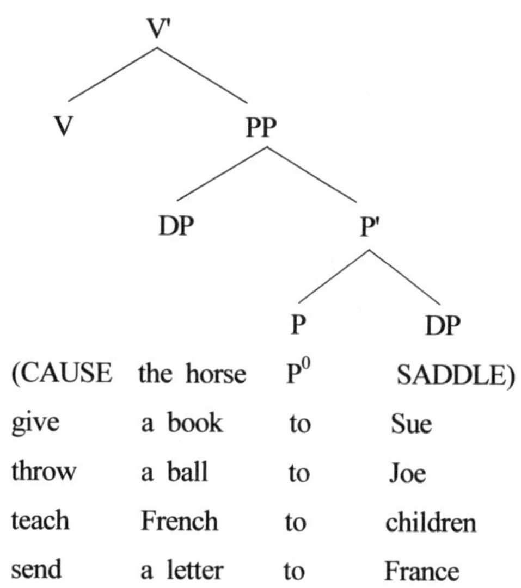

c. 상태변화 동사 (=비대격동사, 사역동사)

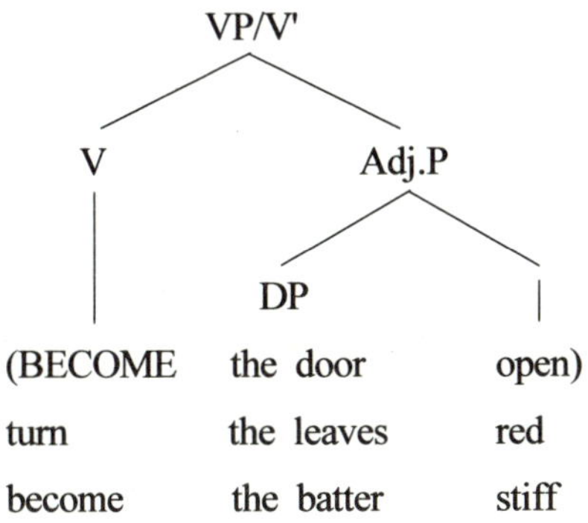



지금부터는 H&K의 V범주를 v로 표기하고 내부주어를 가진 보충어 형용사구와 전치사구를 소절(Small Clause)로 표기하겠다. 가지치기를 하지 않는 범주는 당분간 N으로 표기한다. 지금까지 논의한 의미역과 통사자리의 상관성을 정리하면 다음과 같다.

(12) **Θ-role**           **Position of DP**
    Agent            Spec-vP
    Theme            Spec-SC ('inner subject')
    Goal             Comp-SC

H&K는 기동 v와 행위자 v가 형용사 보충어와 함께 쓰이는 경우를 다루었는데((8), (9)), 기동 v가 명사보충어나 PP 보충어를 택하는 경우는 살펴보지 않았다. 즉 명사에서 도출된 *run*이나 PP로부터 도출된 *shelve*와 같은 동사가 외재논항을 가지지 않는 경우가 존재하는가이다. H&K의 분석에 따르면 기동동사가 명사나 PP를 보충어로 택하는 것이 논리

적으로 가능해야 한다. 우리는 이러한 두 종류의 동사가 제한적이기는 하지만 영어와 그 외의 언어에 존재한다고 제안한다. 먼저 *calve*나 *dance*와 같은 비능격동사에 대응하는 동사로 행위자가 없는 비능격동사는 날씨관련 동사들이다. 예를 들면, *it rained, it snowed*에서 *rain*이나 *snow*와 같은 명사가 비행위자 동사 BECOME에 포함된 것으로 볼 수 있다.5) 또한, 같은 논리로 *The plain landed, The boat docked*와 같이 위치변경을 나타내는 비대격동사를 행동주가 없는 위치동사로 분석하여 행위자를 가지는 위치동사에 대응된다고 볼 수 있다.6)

의미역 관계를 구성주의적(constructivist) 관점에서 다룰 때 자주 등장하는 문제는 행위자를 삭제하거나 첨가하는 교체(alternation)가 생산성이 없다는 것이다. 예를 들면 *destroy*의 경우, 어휘구조가 지정어(CAUSE)를 선택하는 행위자 v와 병합하는 것이 아니라 지정어가 없는 v와 병합할 수도 있어야 한다. 또는 반대로 *arrive*의 경우, 지정어가 없는 v와 병합하는 것이 아니라 지정어를 선택하는 행위자 v와 병합하는 것도 가능해야 한다. 즉 *#The city destroyed*와 *#The captain arrived the ship*이 가능해야 한다. 이러한 문제는 본고에서 다룬 분석이 처음 제안됐을 때부터 계속되는 질문이다. Borer(2005)는 이러한 불일치가 사실은 문법적으로는 문제가 되지 않고, *#Colorless green idea*와 마찬가지로 통사부의 문제가 아니라고 해석의 문제라고 제안했다. Harley

---

5) 영어의 경우 날씨표현에서 허사 *it*은 EPP를 만족하기 위해서 TP의 지정어 자리에 삽입된다.

6) 위치변화를 나타내는 비능격동사는 (BECOME the plane $P^0$ LAND) 구조로 표시할 수 있다.

and Noyer(2000)와 Ramchand(2008)는 한 동사어근이 나타날 수 있는 구조를 결정하는 자질인허 체계를 제안했다. 어쨌든 특정동사들의 논항구조의 교체에 대한 생산성 문제를 어떻게든 해결할 수 있다고 가정하면 H&K의 분석은 언어 교차적으로 나타나는 형태통사적 특성을 설명할 수 있고 자연언어에 가능한 의미역의 개수와 관련된 이론적 문제들을 설명할 수 있다. 다음에 보겠지만 H&K의 분석은 현대 최소주의 발전에 중요한 두 가지의 문제를 해결할 수 있다.

## 1.2.2. 필수구구조와 vP 제안

첫 번째 문제는 구구조를 만드는 새로운 이론, 즉 필수구구조와 관련이 있다. Chomsky(1995c)는 문법에서 X'-이론을 완전히 제거하고 모든 구구조를 병합만으로 설명할 것을 제안했다.7) 병합에 의해서 만들어진 단위는 두 요소 중 하나의 이름으로 명명된다. 따라서 핵과 구(phrase) 개념은 형상적으로 정의된다. 한 절점(node)이 자신의 복사를 관할하지 않으면 핵이 된다. 그리고 복사에 의해서 관할되지 않으면 구가 된다. 중간투사—bar level—는 이론적으로 의미가 없다. 어떤 요소가 이 두 조건을 모두 만족하면 핵과 구가 동시에 될 수 있다. 예를 들면 (13)의 목적어 대명사는 핵이며 동시에 구이다. 또한 접어(clitic)가 전형적인 예이다. 의미역을 받고 격을 점검할 때는 구와 같고 핵이동을 할 때는 핵과 같다. 예를 들면 *The boy ate it*를 필수구구조로 표기하면 다음과 같다.

---

7) 이러한 제안은 Speas(1986, 1990)와 Fukui(1986)의 제안을 받아들인 것이다.

(13)

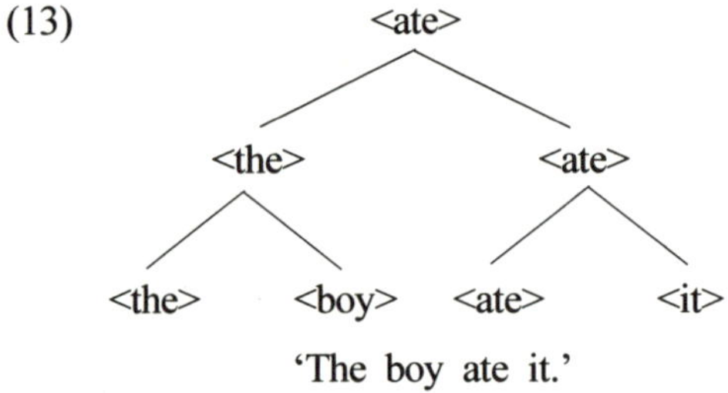

'The boy ate it.'

곽괄호 안에 있는 단어들은 통사범주를 포함하여 통사-의미 자질과 음성자질들의 묶음을 나타낸다. 앞으로 편의상 범주 레이블을 사용하지만 이것들이 자질묶음을 나타낸다는 것으로 이해해야 한다. 따라서 필수구구조에서 가지치기를 하지 않는 절점들이 불가능하다. 반면 X'-이론에 기초한 분석은 가지치기를 하지 않는 절점을 필요로 하기 때문에 재분석되어야 한다.8)

그런데 구구조에 대한 새로운 개념이 비대격/비능격의 구분을 다루는데 심각한 문제를 야기한다. 비능격동사는 외재논항 하나만을 가지는 자동사이다. 반면 비대격동사는 내부논항 하나만을 가지는 자동사인데 원래 자리에서 이동하여 주어가 된다. 이러한 차이는 X'-이론에서 비가지 절점을 이용함으로써 설명이 가능했다. GB이론에서 외재논항은 VP의 지정어 자리에서 기저 생성되고 내재논항은 동사의 자매인 동사의 보충어로 기저 생성된다. 아래 (14)와 같다. 따라서 비대격/비능격의 차이는 UTAH에 의해서 요구되어지는 것같이 통사적으로 표시가 가능하다.

---

8) 예를 들면 비가지 절점을 제안하기 보다는 음성적으로 발음되지 않는 영요소가 병합된다고 제안할 수 있겠다.

(14)  a. GB이론의 비능격동사    b. GB이론의 비대격동사

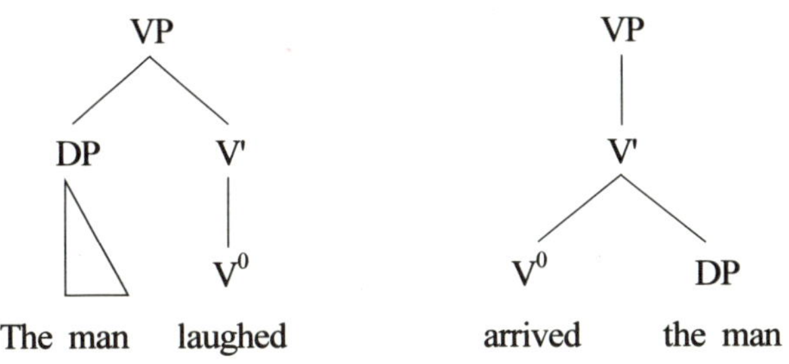

위와 같은 GB분석은 가지치기를 하지 않는 절점이 존재한다는 것을 기초로 두 종류의 동사의 구조적 차이를 설명한다. 그런데 필수구구조에서는 가지치기를 하지 않는 절점을 인정하지 않기 때문에 문제가 된다. 즉 필수구구조에 따라 (14)에서 가지치기를 하지 않는 절점을 제거하면 (15)와 같은 결과를 초래한다.

(15)  a. 비능격동사        b. 비대격동사

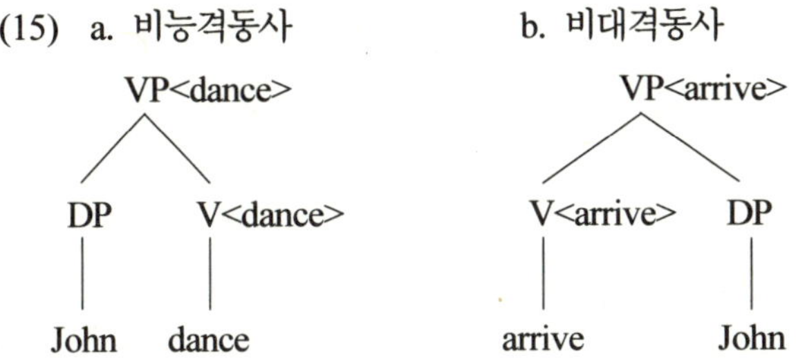

(15)에 따르면 비능격구조는 왼쪽에 지정어를 가지고 비대격구조는 오른쪽에 보충어를 가지는 것으로 해석되어져야 한다. 어순이 통사부에서는 중요하지 않다고 보면 이 두 동사는 구조적으로 구별되지 않는다. 따라서 두 종류의 동사들에 대한 차이점을 다른 비구조적인 방법으로 설

명해야만 한다.9)

Chomsky(1995c)는 이러한 문제를 인식했고 H&K의 vP가설이 문제를 해결할 수 있다고 제안했다. H&K는 비능격동사는 기저에서 타동사이고 비대격동사만 자동사라고 제안했기 때문에 이들의 제안은 X'-이론을 제거하고 가지치기를 하지 않는 절점을 사용하지 않고도 두 종류의 동사의 차이를 설명할 수 있다.

### 1.2.3. 논항구조: Larson(1988)의 VP-shell

H&K와 같은 시기에 Larson(1988)이 이중목적어 동사의 논항구조를 기초로 하여 동사구의 이분구조(bipartite)를 제안했다. Koopman & Sportiche(1991)의 동사구내부주어 가설에 따라 외재논항이 IP가 아니라 VP의 지정어 자리에서 기저 생성되고, *give*와 같은 이중목적어동사는 삼분지로 나누는 V' 구조를 제안했다. (16)과 같은 구조에서는 동사의 모든 논항들이 동사에 의해 지배를 받고 의미역을 받는다.

(16)
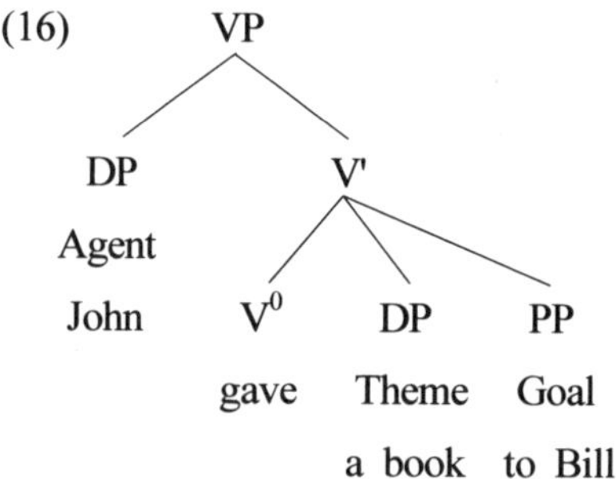

---

9) 예를 들면 LFG의 의미역 이론과 같은 것으로 설명해야 한다.

X'-이론을 이분지로 제한해야만 한다는 Kayne(1984)의 주장을 받아드리면 (16)의 구조는 이론적으로 문제가 된다. 또한 (16)과 간접목적어를 이동한 *John gave Bill a book*의 구문에서 대상과 목표가 서로 성분통어를 하게 된다. 그러나 Barss & Lasnik(1986)이 보여주었듯이 결속현상을 보면 이 두 목적어가 상호 성분통어를 하기보다는 비대칭적으로 성분통어를 하고 있다. 다시 말해 (17)이 보여주듯이 첫 번째 논항이 두 번째 논항을 성분통어하고, 그 반대는 성립하지 않는다.

(17)  a.   Mary showed Bill himself (in the mirror).
      a'. *Mary showed himself Bill.
      b.   Mary showed Bill to himself (in the mirror).
      b'. *Mary showed himself to Bill.

Larson은 이러한 문제를 해결하기 위해서 (18)과 같이 동사구외곽 (VP-Shell) 구조를 제안했다.

(18)

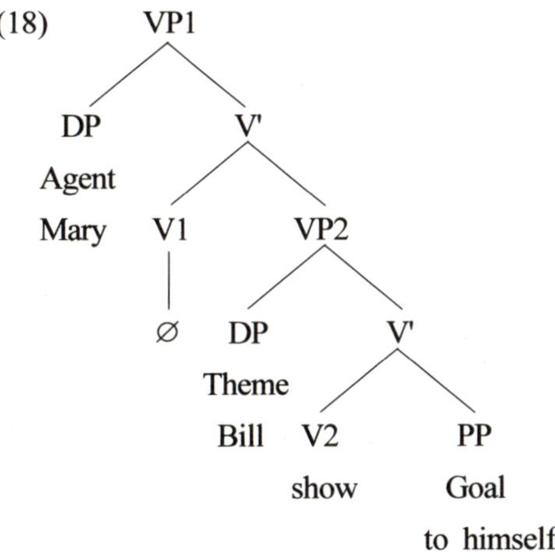

(18)의 구조는 이분지 구조로 대상논항이 목표논항을 성분통어하고 목
표논항보다 앞에 나오는 구조이다. 이 구조에서 새로운 것은 독립된 동
사구(VP shell) 안에 외재논항을 생성하는 것이다. 어휘동사가 외곽동사
구로 핵이동을 하여서 동사가 대상논항보다 앞에 오는 어순을 도출하게
된다. 이제 외재논항은 서술어의 논항구조와는 별개로 독립된 동사구
투사에 나타난다는 개념이 친숙할 것이다. Larson은 이중목적어 동사의
경우 외재논항을 위한 별도의 동사구를 설정해야 하는 통사적 이유들이
독립적으로 존재한다는 것을 보여주었다. 따라서 Larson의 제안은
H&K가 제안한 vP구조와 정확하게 일치한다. 즉 Larson의 이중목적어
동사 구조 (18)과 H&K의 위치동사의 구조 (11c)는 구조의 명칭만 다를
뿐 동일한 구조이다.

별개의 동사구가 행위자 논항 자리를 만들기 위해서 투사해야 한다는
제안이 이론 내적인 두 문제를 해결할 수 있다는 것을 보았다. 이제 동
사구의 이분지 투사가 가지는 의미적 쟁점을 다루겠다.

## 1.2.4. 동사구 분해(decomposing)에 대한 의미적 동기: 동사목적어 관용어

분리동사구 가설에 대한 주장들이 최소주의이론 이외의 다른 분야에서
도 있어 왔다. 예를 들면, 생성의미론자들이 사건동사(eventive verbs)의
의미와 관련된 현상들을 분석할 때 분리동사구를 주장했다. 대표적인
예로 VP 수식어의 의미영역을 분석할 때 분리동사구를 주장했는데, 뒤
에서 상세히 다룬다. 또 다른 예로 동사의 의미가 두 개의 서술어를 연

결합으로써 합성된다고 분석하면서 분리동사구를 주장했다.10) 분리동사
구가설에 기초해서 행위자 외재논항이 어휘서술어와는 독립된 기능핵 v
의 논항이라는 제안은 왜 관용구들이 제한적으로 생성되는지를 설명할
수 있다.

Marantz(1984)가 관찰했듯이, 동사-목적어 관용어는 모든 언어에 나타
나는 반면 동사-행위자 관용구는 거의 찾아보기 어렵다.

(19)  kill a bug           = cause the bug to croak
      kill a conversation  = cause the conversation to end
      kill an evening      = while away the time-span of the evening
      kill a bottle        = empty the bottle
      kill an audience     = entertain the audience to an extreme degree

만약 주어와 목적어가 둘 다 동사 *kill*과 직접적으로 병합을 한다면, 동
사-목적어 관용구가 흔한 것처럼 동사-주어 관용구도 흔해야 하는데 실
제는 그렇지 않다. 이러한 경험적 사실을 의미적 관점에서 원리적으로
설명할 수 없다. 동사-주어의 관용어가 허용된다고 하면, 예를 들어, *A
bug killed the boy*는 어떤 특별한 관용적 의미가 있고, *The food killed
the boy*는 다른 관용적 의미가 있어야 한다. 그러나 목적어를 빼고 동사
와 주어가 하나가 되어서 관용적인 의미로 사용되는 경우는 거의 없
다.11)

---

10) 이러한 제안은 Marantz(1984)가 처음으로 했고 이후 Kratzer(1993, 1996)가
    제안했다.

그런데 만약 행위자가 독립된 경동사와 병합되고 의미해석은 사건해석(Event Interpretation) 과정을 통해서 아래 있는 서술어의 의미에 합쳐지게 하면, 행위자 논항이 의미적으로 어휘서술어로부터 독립적이라는 것을 예상할 수 있다. 사건확인(Event Identification)은 Voice 핵($v^0$와 동일함)의 의미와 아래 동사구의 의미를 합하는 것이다. 따라서 외재논항은 어휘서술어 V와 직접 관여지 않고 행위자 서술어 v하고 직접적으로 관여한다.

주어논항뿐 아니라 목적어 논항도 독립된 함수어(functor)에 의해서 선택된다고 가정할 수 있는데 그렇다면 동사-주어 관용어가 거의 사용되지 않는 것처럼 동사-목적어 관용어도 거의 사용되지 않는다고 잘못된 예측을 하게 된다.

### 1.2.5. 수식(modification)의 영역: 생성의미론 재연(redux)

vP가설은 좀 더 제한된 구구조이론과 통사-의미 접합면 안에서 만들어지기는 했지만 생성의미론(McCawley 1976)의 분해구조와 관련된 직관에 많은 영향을 받았다.

예를 들어 *John made Mary happy again*과 같은 이중절 구조를 보자. 부사 *again*이 두 가지 의미로 사용될 수 있는데, 하나는 *happy*를 수식하는 것이고, 다른 하나는 *make*를 수식하는 것이다. 이러한 중의성은

---

11) Marantz의 관찰에서 중요한 것은 목적어 논항만이 동사와 직접 관련이 있다는 것을 인식하는 것이다.

*again*이 구조적으로 두 자리에 나타날 수 있기 때문에 일어난다. 하나는 서술어 *happy*의 소절에 나타나고 다른 하나는 주절 서술어 *make*에 나타난다. 전자의 의미는 *Mary*가 전에 *John*과는 상관없이 행복했는데 슬퍼졌고 다시 *John* 덕분에 행복해졌다는 뜻이다. 후자는 과거에 *John* 때문에 행복했고 슬퍼졌고 다시 *John* 때문에 행복해졌다는 뜻이다. 두 의미의 구조는 아래와 같다.

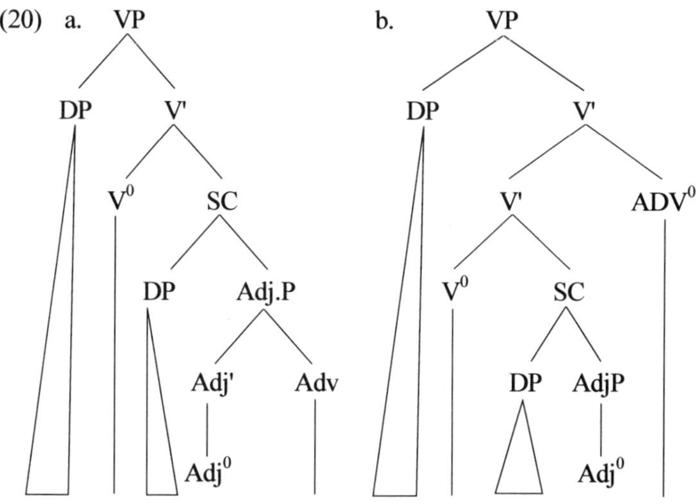


60년대 후반에서 70년대 초반에 이르기까지 생성의미론 문헌들에 자주 언급되었듯이, 위와 같은 부사 의미영역의 중의성이 이중목적어 동사와 상태변화 동사에도 유사하게 일어난다. 예를 들면 (21)과 같다.

(21)　a. John opened the door again.

    i. The door was open before, and now it's open again.

    ii. John opened the door before, and he did it again.

  b. Mary gave the book to Sue again.

    i. Sue had the book before and now she has it again.

    ii. Mary had given the book to Sue before, and now she gave it to Sue again.

Von Stechow(1995)는 이러한 문장에서 *again*과 같은 부사들의 영역을 생성의미론의 관점에서 vP-구조로 분석해야 할 것을 주장했다. 사역동사 *open*은 CAUSE 서술어(null $v^0$)가 통사적으로 동사 서술어 *open* ($Adj^0$)을 핵으로 하는 명제 보충어를 택하는 것으로 분석했다. 따라서 *again*의 영역은 그것이 아래에 있는 어휘서술어와 관련이 있는지 주절의 서술어와 관련이 있는지에 따라 결정된다.

(22)

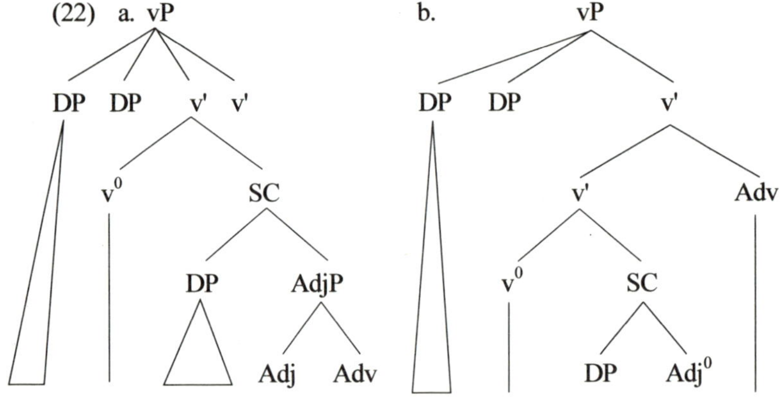

Beck & Johnson(2004)은 이중목적어 동사에 대하여 동일한 주장을 했다. 즉 *again*이 Larson의 외곽동사구(vP)를 수식하면 사건을 촉발하는 것을 다시 했다는 의미를 가진다. 반면 *again*이 아래 VP(SC)에 붙으면 결과가 반복된다는 것을 의미한다. 이중목적어 동사에서 아래 동사구에 의해서 나타나는 결과는 상태위치거나 소유의 의미이다. McCawley (1968, 1979)와 Ross(1976)에서도 유사한 자료들을 많이 볼 수 있다. 예를 들면 이중목적어 동사와 시간과 관련된 수식어의 해석문제를 보자.

(23)  a. Mary gave Bill the car until 3 o'clock (earlier this morning).
      b. Mary lent her hat to Bill for 2 hours.

여기서 두 시간 동안 지속되는 것은 주는 행위 자체가 아니고 *Bill*이 모자를 가지고 있는 상태 또는 *Bill*이 차를 소유하고 있는 상태를 의미한다. *open*이나 상태변화 동사의 경우도 유사한 효과가 있다.

(24)  a. John opened the window for five minutes.
      b. Mary turned the tap to 'cold' for five minutes.

만약 결과상태를 나타내는 구성소와 결과를 초래하는 구성소를 구별하여 표시한다면, 시간부사가 결과상태를 수식한다는 사실을 쉽게 설명할 수 있다. 반면 그러한 분리동사구 구조를 가정하지 않으면 (23)-(24)를 설명하기 위해서 통사-의미접합면을 상당히 복잡하게 만들어야 할 것이다.

이렇듯 동사서술부를 두 부분으로 나누면 상위 $v^0$는 자신만의 의미를 가지는데, 사건촉발이나 사역의 의미와 관련이 있다. 위에서 주장했듯이 외재논항은 의미적으로 상위 $v^0$와 관련이 있고 동사어근에 의해서 선택되는 것이 아니다. 물론 외재논항이 관여하는 사역이나 사건촉발의 특성이 결국에는 어휘 동사의 의미에 영향을 받기는 하지만 어휘동사 자체에 의해서 외재논항이 결정되는 것은 아니다.

일부 동사들이 두 개의 동사구를 투사한다는 의미적 증거가 있다. 다시 말해 주절에 외재논항을 선택하는 v가 있어서 의미적으로 사역이나 사건을 촉발하는 의미를 가지고, 다른 하나는 어휘동사구로 결과상태를 의미하며 내재논항을 선택하며 서술어의 기본의미를 가진다. 사건구조와 사건분해에서 vP가설의 역할이 최근 논문들에서 심도 있게 다루어지고 있다.12)

Fodor(1970)은 생성의미론의 분해구조를 반대하기 위해서 경험적 자료들을 제시했다. 본고에서 이 문제를 다루기에는 지면상의 제한이 있어 다루지 않겠다. 지금 시점에서 vP가설이 논항구조를 최소주의 관점으로 다루기에 가장 적절하기는 하지만 여전히 이론 내적, 외적 문제들이 계속 논의되고 있다.13)

---

12) 이러한 주제를 다룬 논문들로는 Travis(1991), Borer(1994, 2005), Alexiadou et al.(2004), Ramchand(2008), Folli(2002), Tomioka(2006), Baker and Collins(2006), Zubizarreta and Oh(2007), Merchant(2008) 등이 있다.

13) 최소주의를 반대하는 주장으로는 Kiparsky(1997), Wechsler(2005), Horvath

## 1.3. 최소주의의 다른 분석들

위에서 제시한 제안을 약간 수정한다든지 아니면 대폭 수정을 한다든지 다양한 종류의 분석 방법들이 최소주의 안에서 제시되었다. 그러나 논항구조에 대한 모든 최소주의 분석은 동일하게 구성성 (compositionality)을 가지고 의미역기준이 제한하던 구조를 설명했다. 즉 모든 의미역이 반드시 할당되어야 하고 또한 모든 논항이 의미역을 가져야 한다는 개념을 이제는 관련된 구성소들의 의미유형과 완전해석 원리를 가지고 설명할 수 있다.

반면 의미역의 단일성이 다른 원리로부터 도출되는지는 아직 분명하지 않다. 하나의 DP가 반드시 하나의 의미역을 가져야만 한다는 것이 자연스럽게 도출되는가? Hornstein(2001)은 하나의 DP가 하나 이상의 서술어와 의미관계를 가질 수 있고, 나아가 동일한 서술어와 한번 이상 의미관계를 가질 수도 있다고 주장했다. 그의 분석에서는 의미역이 서술어의 자질로써 DP에 의해서 점검을 받는다. 한 개의 DP가 하나 이상의 의미역을 점검하는 대표적인 구문은 강제통제구문과 재귀사 결속구문이다. 한 DP가 서술어와 병합하여 자신의 의미역자질을 점검하고 이어서 다른 서술어의 의미역자질을 점검하기 위해서 Move-Copy를 하고 재병합을 한다.

최소주의 용어로 설명하면 Copy와 re-Merge로 인해서 함수적용 (function-application)을 도입하면 한 개의 논항이 여러 개의 서술어와

---

and Siloni(2002) 등이 있다.

연결되는 상황이 생기게 된다. 이러한 면에서는 Hornstein의 제안이 통사적 구성성에 대한 프레게 분석방법과 일치한다.

그러나 Hornstein의 분석은 의미역을 통사적으로 점검을 받아야 하는 자질로 다루기 때문에 프레게의 접근법과는 일치하지 않는다. 즉 프레게식 분석은 의미역을 독립적인 자질로 인정하지 않는다. 프레게식 분석에 따르면, 의미역자질을 포함한 통사자질들이 완전해석원리와 구성의미론(compositional semantics)이 설명할 수 있는 것들을 단순히 반복하기 위해서 고안된 기제이기 때문에 문법에서 잉여적인 존재이다. 결과적으로 의미역을 자질로 다루는 분석들은 본고에서 제시한 분석과 일치하지 않기 때문에 다르게 설명되어야 한다. Adger(2003)는 의미역이 c-선택과 밀접하게 관련이 있기 때문에 본고의 제안과 의미역을 통사자질 점검으로 보는 분석을 통합하는 중도의 방법을 제안했다.

Reinhart(2002)는 의미역을 일종의 LF-자질들을 모아놓은 것으로 다루었다. 마치 음소가 PF-자질들의 다발인 것처럼([+/-voice], [+/-velar]), 어휘부에 있는 서술어들이 [+/-c](for cause), [+/-m](for mental)과 같은 자질들의 묶음이라고 주장했다. 이러한 자질들을 조합하여 9개의 가능한 의미역을 정의한다. Reinhart의 분석은 본고에서 제시한 분석과 정확히 같지는 않지만, 의미적으로 보면 분해적이고 사역/기동(causative/inchoative) 교체 동사들을 잘 설명할 수 있다. 예를 들면, [+c] 외재의미역을 가진 것들은 행위자가 아니라 사역자(Causer)이다. 통사적 사상(mapping) 과정을 통해 이러한 자질들과 특정한 통사자리가 연결되고, UTAH의 특성을 도출하고 통사부가 이러한 자질들을 LF표시로 보내고

거기서 의미해석을 받는다. Reinhart의 분석을 도식화하면 아래와 같다.

(25)    ∃e(wash(e) & [+c+m] (e) = Max & [-c-m] (e) =the child)
        (=Reinhart's (4d))

그러나 Reinhart의 제안은 통사부 이전에 의미자질을 바꾸어서 바뀐 의
미자질을 가진 어휘가 통사부에 적용되는 것이기 때문에 어휘주의가설
과 같다. 즉 Reinhart의 제안은 어휘 생성과정에 의해서 통사부 이전에
어휘표시를 만드는 GB이론이 다시 등장한 것과 같다. 그러자 Reinhart
는 어휘형태에 영향을 주는 운용들이 통사부에 적용될 수 있다는 가능
성을 받아드리면서 이것을 매개변인화로 처리할 수 있다고 주장했다.
즉 어휘언어의 경우는 논항구조가 통사부 이전에 바뀌고, 통사언어의
경우는 같은 현상이 통사부에서 일어난다. 예를 들면 Dutch에서 재귀사
축약이 어휘부에서 일어나고, 독일어는 통사부에서 일어나기 때문에 독
일어에서는 어휘에 민감하지 않다고 주장했다. Reinhart의 분석에 따르
면 동일한 현상이 어휘부에서 일어나기도 하고 통사부에서 일어나기도
한다는 것인데, 이것은 최소주의 정신과 맞지 않는다. 그의 제안이 흥미
롭기는 하지만 본고에서 제안한 분석이 최소주의 정신과 더 잘 맞고 중
요한 경험적 관찰들을 더 잘 설명할 수 있다.


## 1.4. 결론

이 장에서는 지난 20년간 매우 활발하게 연구되어온 논항구조와 관련된

주제를 전체적으로 소개하면서 최소주의 분석에서 최근에 중요하게 다루어지고 있는 핵심 개념과 이론적 도구들을 다루었다. 특히 GB의 의미역 이론을 문법에서 제거할 수 있는 가능성을 보여주었다.

물론 여전히 많은 문제들이 논의되어져야 한다. 예를 들면 (11)에서 제시한 동사의 기본구조를 가지고 설명할 수 없는 동사의 논항구조들을 어떻게 다룰 것인가도 앞으로 연구되어야 할 주제이다. 한편 Talmy (1985, 2000)는 이동방식(manner of motion) 구문이 가능한지의 여부를 다루었는데 이것도 흥미로운 주제이고, 특히 논항공유(Levin and Rappaport 2001)를 어떻게 설명해야 하는지도 주요 주제이다.14)

마지막으로 목적어 논항도 주어논항과 같이 기능핵에 의해서 선택되어야 한다고 주장하는 이론들은 본고에서 다룬 중요한 것들을 설명할 수 없다. 특히 의미역의 개수가 왜 한정적인지를 설명할 수 없다. 반면 본고에서 제시한 분석은 한 동사가 가질 수 있는 논항의 개수가 한계가 있다는 것을 설명할 수 있다. 즉 통사적 제약에 의해서 구조가 통제를 받기 때문에 의미역의 개수가 제한적일 수밖에 없다. 하위 동사구가 가질 수 있는 논항의 최대 수는 지정어와 보충어 두 개다. 그리고 상위 동사구의 지정어자리에 외재논항이 나올 수 있다. 따라서 동사구가 가질 수 있는 논항은 최대 세 개이다. 결론적으로 통사구조에 대한 도출제약들을 가지고 논항의 개수와 의미역의 개수가 제한적이라는 사실을 설명할 수 있다.

---

14) 이것과 관련된 주제는 Marantz(2007)와 Zubizarreta and Oh(2007)를 참조하라.

**2**

# 격과 자질

## 2.1. GB 통사론에서 격부여

Chomsky와 Lasnik은 1970년대 후반에 영어, 라틴어, 러시아어에서 NP
의 분포에 대하여 광범위한 자료를 수집하고 분석하여 격현상을 설명하
는 일반이론을 발견하려고 시도하였다. 그 당시 연구자들끼리 의견교환
을 위하여 오간 편지에서 Vergnaud는 영어의 NP 분포에 관련된 규칙성
이 보편적이며 일반적인 원리로 보인다고 주장하였다. 영어의 일반적
격현상은 주어에 주격어미, 목적어에 목적격어미가 붙는다. 이러한 격처
리는 영어와 라틴어 격현상에서 공통점이다. 다만 영어는 그 격어미가
가시적이며 반면에 라틴어에서는 비가시적이라는 차이점이 존재한다.
라틴어나 영어나 똑같이 V와 P는 격을 부여하고, N과 A는 격을 부여할
수 없다. 이와 같이 영어와 라틴어는 모든 면에서 똑같은 규칙성을 보여
준다. 따라서 이러한 규칙성을 바탕으로 격여과(Case-filter)를 설정하였

다. 라틴어와 영어의 격현상은 통사적으로는 똑같고, 형태적으로는 다음
과 같은 차이를 보인다.

(1)  영어와 라틴어의 차이
    a. 영어의 주격, 목적격(대격)은 일반적으로 음운적으로 표현되지
       않는다.
    b. 영어의 대격은 대명사에 한하여 굴절어미를 가지지만, 라틴어
       와 달리 소유격(Genitive), 여격(Dative)을 가지고 있지 않다.

어떤 언어에서는 매우 풍부한 격현상을 가지고 있음이 명백함에도 불구
하고 여전히 일부분은 비가시적 격부여를 하고 있다. 예를 들면, 러시아
어는 대부분의 명사들이 라틴어처럼 가시적 격어미를 가지고 있지만,
그럼에도 불구하고 여전히 일부 명사들은 비가시적 격부여를 허용한다.
따라서 러시아어는 가시적 격부여와 비가시적 격부여를 둘 다 허용한다.
보충어 자리에 NP가 오는 모양을 보아도, 각각 두 가지 유형이 존재한
다. 하나는 격부여를 하는 자가 격을 가진 자(V, P)인가, 아니면 격을
못 가진 자(N, A)인가 하는 것이다. 다른 하나는 격을 받을 자가 격을
반드시 요구하는 NP인가, 아니면 격을 필요로 하지 않는 CP나 PP인가
에 따라 격처리의 상황이 달라진다.

주어의 격처리에 대하여 살펴보면, 주어자리에 있는 NP에 격을 주는 자
는 시제(T)이다. 영어에서 시제절 주어는 그 절의 시제에 의하여 격을
받고, 시제가 없는 부정사구의 주어는 전치사 *for*의 도움이 없다면 격여
과 위반으로 틀린 문장을 생성하게 된다. 수동태는 목적어자리에서 의

미역을 받고, 원래 자리에 그대로 머물면 격을 받을 수 없기 때문에 주어자리로 이동하여 T에 의하여 주격을 받아 격여과를 만족하는 문장이다. 추측동사 *seem*이 나오는 문장도 똑같이 부정사구의 주어자리가 격을 받을 수 없기 때문에 이동이 필연적으로 일어나는 문장이다. 다음 예문을 보면 수동태 구문에서 NP이동, 중간동사에서 NP이동, 추측동사에서 NP이동을 보여준다.

> (2)　a. The book was put __________ [under the desk]
>
> 　　　b. Mary was persuaded ________ [that we should leave
> 　　　　tomorrow]

> (3) The door opened _____ suddenly.

> (4) Mary seemed [________ to have written the letter]

NP이동을 촉발하는 요인은 격 이외에도 또 있다. 모든 시제절은 주어를 필요로 하며, 이것을 EPP(Extended Projection Principle)이라고 한다. 만일 동사가 보충어로 시제절을 취하고 주어자리가 빈다면, 그 주어자리에 허사 *it*이라도 들어가야 한다. 목적어자리에 CP가 있다면 CP는 반드시 직접 격을 받을 필요가 없기 때문에 이동할 수도 있고 그냥 제자리에 머물 수도 있다. 그러나 목적어자리에 NP가 있다면 반드시 NP이동이 일어난다. 다음 예문이 그 차이를 보여준다.

> (5)　a. [That the world is round] was believed __________ by the
> 　　　　ancient Greeks.

b. It was believed by the ancient Greeks [that the world is round]

(6)  a.  The book was put _________ under the table.
     b. *It was put the book under the table.

한편, 스페인어와 같은 많은 언어에서 주격은 시제와 구조적으로 인접해야 받는다. 반드시 시제 T에 의하여 주격이 주어지며, 가장 가까운 NP가 주격을 받고, 지정어자리로 이동할 필요는 없다. 이런 언어에서 시제 T는 자기가 성분통어하는 가장 가까운 NP에게 주격을 준다. 그러나 영어에서는 주격을 받으려면 반드시 지정어자리로 이동하여 EPP에 따라 행동해야 한다. 그러므로 스페인어와 같은 언어에서는 주어의 격 처리에 EPP가 작동하지 않는다. 결론적으로, 다양한 언어의 격부여 현상을 살펴보면, 격처리, EPP이동이 중요한 요소들이라는 점을 알 수 있다.

## 2.2. 경동사의 출현

Burzio(1981)는 수동태 동사와 비대격 동사는 목적어를 가질 수 없다는 것에 중대한 규칙성이 숨어있다고 보고, 이에 주목하여 어떤 동사이든지 대격을 못 주면 외부논항을 가질 수 없다는 일반원리를 정립하였다. 수동태 동사와 비대격 동사가 오면 그 문장의 주어는 외부논항이 아니라 동사의 내부논항이 격을 못 받아 필연적으로 NP 이동을 통하여 움직이게 된다는 것이다.

(7)   Burzio's generalization

    If a verb licenses accusative case, it has an external argument.


(8)   It opened the door. [expletive it]

    The door opened.


그렇다면 왜 대격과 외부논항은 필연적인 관계를 가지게 되는 것일까? 이 문제를 해결하기 위하여 생긴 것이 경동사($v$) 가설, 또는 필수구구조 (Bare VP) 가설이다. 보충어자리에 오는 NP에게 대격을 주는 자가 V가 아니고 눈에 보이지 않는 $v$라고 가정한다. 경동사는 목적어자리에 대격을 주고, 주어자리에 있는 외부논항에 의미역을 준다. 그리고 동사이동에 의하여 최종적으로 일반적 문장이 만들어진다고 본다면 일반원리가 저절로 설명이 된다.


(9) Mary v [vp designed a bridge].


이를 뒷받침하는 증거는 Wurmbrand(1998, 2001)가 제공하였다. 목적어에 대격을 주는 자가 어휘동사 V가 아니고 눈에 안 보이는 더 높은 핵(경동사 $v$)이라는 결정적 증거는 동사의 재구조화에 있다. 보통 시제가 없으면 부정사구로 보지만, 부정사구는 Neg를 허용한다. 그러나 독일어에는 시제도 Neg도 불가능한 더 작은 동사구가 있다. 그런 동사구는 필수구구조라고 하며, 경동사 $v$에 의존하는 보충어이다. 격처리와 의미역부여를 한 다음에 동사의 재구조화는 반드시 일어난다. 필수구구조 안에 있는 내부논항은 경동사 $v$에 의하여 대격을 받고 필수구구조의 V

는 경동사의 자리로 동사이동을 하여 재구조화를 이룬다. 독일어에는
동사구를 넘어 주어자리로 NP이동을 하는 통사적 현상, 즉 원거리 수동
태가 나타난다.15)

    (10)  Long passive in German

          ...weil [der Lastwagen und der Traktor]  zu reparieren

          since  [the truck and the tractor]-NOM    to repair

          versucht   wurden

          tried       were

          lit. 'since the truck and the tractor were tried to repair'

          (i.e. someone tried to repair them)

    (11)  Long passive in German

          *...weil [der Lastwagen und der Traktor]  nicht  zu  reparieren

          since  [the truck and the tractor]-NOM  not   to  repair

          versucht wurden

          tried     were

위 예문들의 문법성의 차이를 설명하려면, 경동사의 존재를 인정해야
한다. 앞의 문장에서 *repair*의 내부논항에 해당하는 NP가 주어자리로
이동하였다. 수동태 구문에서 NP이동이 일어나려면 중간에 부정어 Neg

---

15) 독일어의 원거리 수동태가 경동사가설 또는 분리동사구가설의 결정적 증거
    가 되는 이유는 무엇인가? 수동태에서 격을 못 받은 목적어가 이동할 때 연
    속순환이동을 한다는 것이 원거리 수동태인데, 이는 동사구 내부에 중간에
    들렀다가 이동할 중간지점이 존재한다는 증거이며, 따라서 분리동사구가설
    에 대한 증거가 된다.

이 없어야 한다는 것을 보여주고 있다. T나 Neg는 경동사 *v*보다 더 높은 자리에 있기 때문에 그것이 나타나면 그 구문은 더 이상 *v*P가 아니라 CP이다. 따라서 NP이동을 가로막는 장벽으로 작용한다. 그런 요소가 없다면 경동사와 그 보충어 필수구구조는 CP가 아니므로 자유로운 NP이동을 허용한다.

## 2.3. 다양한 격현상

지금까지 논의에서 보듯이, NP에 격을 부여하는 자는 시제절 T이거나 경동사 *v*이며, T는 주어 NP에 주격을 주고, 경동사는 목적어 NP에 대격을 준다. 그러나 모든 경우가 이러한 것은 아니며, 일부 어휘적 동사는 NP의 격처리에 관여한다. 라틴어, 아이슬란드어, 월필리어(호주 원주민 언어)를 살펴보면, 대격이 와야 할 자리에 여격(Dative)이 오는 경우가 있고 그보다 더욱 희소한 확률로 주격이 와야 할 자리에 여격이 오는 경우가 있다. 이러한 격처리는 논항구조와 의미역구조와 밀접한 관련성이 있다고 본다.

그렇다면, 이러한 어휘적 관계성을 바탕으로 격부여가 이루어지는 경우에 그런 격처리를 일반적인 주격이나 대격과 같이 구조적 인허조건을 만족한 것으로 보아야 하는가? 가능한 경우의 수는 두 가지가 있다. 한 가지 확률은 기본적으로 주격이나 대격을 주고 그 바탕 위에 또 다시 어휘적 격을 주어 일종의 덧칠(paint, mask)을 하는 것이다. 이런 경우에는 특정격(Quirky Case)은 구조적 격(Structural Case)이나 NP 인허조

건(NP Licensing)이라고 볼 수 없다. 다른 하나의 확률은 어휘적 격이
완전히 구조적 격을 대신하는 대체물의 역할을 하는 경우이다. 현실에
서는 이러한 두 가지 경우가 모두 존재한다. 다음 예문은 아이슬란드어
이다. 아래에 제시된 예문을 보자. (12)와 (13)을 보면, 동사의 어휘적
영향으로 여격이나 소유격과 같이 좀 더 강한 어휘적 특징을 드러내는
격, 다시 말하면 특정격(Quirky Case)이 나타난 문장이 (12)이며 그 수
동태가 (13)이다.

영어의 대격은 수동태에서는 목적어 NP에 줄 수 없고 그로 인해 격을
못 받는 NP가 주어자리로 이동하여 주격을 받게 된다. (13)에서 목적어
가 특정격을 받은 것을 가지고 완전히 격여과를 만족한 것으로 본다면,
주어자리로 NP이동이 일어날 촉발요인이 사라진다. 따라서 주어자리로
이동이 일어난 (13)과 같은 문장이 생성될 수 없다. 왜냐하면 (13)에서
특정격을 가지고 있음에도 불구하고 명사구가 통째로 주어자리로 이동
하였기 때문이다. 그러므로 특정격은 어휘적 격에 불과하며 대격과 같
은 구조적 격이 아니다. 따라서 특정격은 그냥 겉으로 보기에만 격이며,
주격이나 대격처럼 격 인허조건을 만족시키지 못 한다. (12)와 (13)의
예문을 비교하면 영어와 똑같이 격과 그에 따른 이동현상이 일어나므로,
그 바탕에는 여전히 주격과 대격으로 인허조건이 작동하고 있다고 보아
야 한다.

(12)  a. Þeir     luku      kirkjunni.
         they     finished   the-church.DAT

    b. Við   vitjuðum   Olafs.

       we    visited     Olaf.GEN


(13)  a. Kirkjunni       var  lokið      (af Jóni).

       the-church.DAT   was  finished

    b. Olafs        var   vitjað       (af Jóni)

       Olaf.GEN    was   visited


아래에 나온 (14)의 예문을 살펴보자. 전통적으로 대격이 나올 수 있는 자리에는 특정격도 나올 수 있고 대격이 올 수 없는 자리에는 특정격도 나타날 수 없음을 보여준다. 따라서 특정격은 전통적인 구조적 격을 바탕으로 하여, 다만 그 겉포장만 어휘적 색채가 짙은 것으로 포장만 바꾼 것이라고 보는 것이 타당하다.


(14)  a. Mér      býður       við   setningafræði.

       me.DAT   is.nauseated   at     syntax

    b. *Hún reyndist mér     bjóða          við  setningafræði.

       he   tried     me.DAT  to.be.nauseated  at   syntax


그와는 반대로 어휘적 지배관계로 주어지는 내재적 격(Inherent Case)이 있다. 예를 들면 러시아어에는 *help* 동사 다음에는 여격(Dative Case)이 오고, *manage* 동사 다음에는 도구격(instrumental Case)이 온다. (15)의 예문의 수동태가 (16)이다. 그런데, 이런 수동태에서 NP이동이 일어나지 못 한다. 왜냐하면 러시아어에서는 이질적인 격을 가진 NP는 이미 격처리가 된 것으로 보고, 주어자리로 이동하여 또 격을 받을 필요가 없다. 그렇게 한다면 경제성원리를 위반하는 것이 된다. 그렇다고 그냥 제자리에 머물러 있으면 EPP를 위반한 문장이 된다. 따라서 NP가 이동하면 격을 두 번 받기 때문에 경제성 원리를 어기고, 이동을 안 하면 EPP를 어긴다. 따라서 러시아어에서 예문 (15)에 대응하는 수동태는 존재하지 않는다.

(15)　a. Ivan　　pomog　studentam.
　　　　　Ivan　　helped　students.DAT.PL

　　　b. Maša　　upravljaet　　zavodom
　　　　　Masha　manage　　　factory.INSTR.SG


(16)　a. *Bylo　　pomoženo studentam. (*any word order, any case
　　　　　　　　　　　　　　　　　　　　　　　　　　pattern)
　　　　　was　　helped　　　students.DAT.PL

　　　b. *Bylo　upravleno　zavodom.
　　　　　was　　managed　　factory.INSTR.SG (*any word order,
　　　　　　　　　　　　　　　　　　　　　　　any case pattern)


주격이나 대격과 같은 일반적인 격에서 벗어나 어휘적 영향을 강하게 받는 특정격을 조사해보니 두 종류가 있음을 알았다. 아이슬란드어에서는 모든 면에서 영어의 주격과 대격을 그대로 인정하고, 그 작용에 전혀 영향을 주지 않으면서 껍데기 포장만 달라진 특정격이 있다. 반대로 러시아어의 어휘적 격은 영어의 대격을 대신하는 대체효과를 보여주며, 그렇기 때문에 영어와 같은 수동태가 존재하지 않는다.

영어와 아이슬란드어가 가지는 공통점은 둘 다 예외적 격부여를 한다는
점이다. 동사가 종속절 주어에 대격을 주는 현상을 예외적 격부여라고
하며, 이 때 종속절 주어가 받은 대격은 모든 면에서 목적어가 받은 대
격과 똑같다. 아이슬란드어도 영어와 똑같이 예외적 격부여를 하는 동
사가 있다. 다만 유일한 차이는 (18b)에서 종속절의 동사에 따라 포장만
대격이 아니라 특정격(Quirky Case)으로 변할 수 있다는 것이다. 특정
격이 오든 안 오든 통사적 현상은 똑같이 일어나며, 특정격이 온다고 하
여 구조적으로 달라지는 점은 하나도 없다.

(17) Exceptional Case Marking: English
    a.  Mary believes [Sue to have read the book].
    b. *Mary's belief [Sue to have read the book].
    c.  Sue was believed [_to have read the book].

(18) Exceptional Case Marking: Icelandic
    a. Hann    telur    Jón    hafa    kysst    Marfu.
       he-NOM  believes  John-ACC  to-have  kissed  Mary.
    b. Hann    telur    mér    bjóða
       He-NOM  believes  me-DAT  to.be.nauseated
       við    setningafræði.
       at    syntax

ECM 동사나 경동사의 격현상으로부터 국부성(Locality)이라는 문제가
떠오르게 된다. 얼마나 가까이 있어야 격을 줄 수 있는가의 문제가 국부
성의 문제이다. 중간에 장벽이 없고 격을 주는 자와 격을 받는 자 사이

에 더 가까운 NP가 없다면 국부성을 만족하는 것으로 본다. 장벽의 개념은 초기연구에서는 모든 최대투사범주로 보다가, 나중에는 지배개념을 넣어 시제절 TP로 본다. (17)와 (18)에서는 시제가 없는 절이므로 ECM을 허용한다. 가장 최근의 이론에 따르면 장벽 대신 국면으로 바꾸어 격부여를 설명하고 있다.

다음에서는 능격(Ergative Case)에 대하여 설명하겠다. NP의 격은 주격과 대격과 특정격(Quirky Case)이 있다. 격어미의 형태적 특징은 눈에 안 보이는 투명한 형태소와 눈에 보이는 형태소가 있다. 영어와 러시아어에서는 보이지 않는 형태소로 격처리를 하는 것이 주가 되며, 아이슬란드어에서는 보이는 형태소로 격처리를 하는 것이 주류를 이룬다.

만일 경동사 $v$가 외부논항에 의미역을 준다는 Chomsky(1995)의 주장이 옳다면, 그 외부논항에 의미역만 주는 게 아니라 내재적 격도 줄 수 있다는 이야기인데, 그런 언어가 실제로 있을까? Legate(2008)는 현실에서 그런 언어들이 존재한다고 본다. 다음과 같은 세 가지 특징을 가진 언어를 가정하자, 첫째, 주격이나 대격과 같은 구조적 격이 형태적으로 투명하고 그 격처리가 눈에 보이지 않는다. 둘째, 내재적 격이 존재하며, 형태적으로 눈에 보인다. 셋째, 내재적 격을 주는 자 중에 경동사가 있고, 그 외부논항에 의미역도 주고 내재적 격도 준다. 이러한 특징을 가진 언어는 ERG/ABS(능격과 절대격)라는 격처리 패턴을 가진다. 마치 주격/대격의 패턴과 동일하다. 비대격이나 수동태에서 주어는 눈에 보이지 않는 주격을 가진다. 반대로 타동사구문에서 경동사 $v$는 주어에 의미역과 같이 내재적 격인 능격(Ergative)을 주고, 필수구구조의 목적어 NP

에는 내재적 격인 절대격을 준다.

이러한 격현상이 실제로 드러난 언어가 호주 원주민의 언어인 월필리어
이다. (19a)에서 주어는 능격을 받고, 목적어는 절대격을 받고 있다.
(19b)는 비대격동사의 주어 NP에 절대격이 온다. 목적어가 없는 경우이
므로 경동사가 없고 그냥 수동태처럼 목적어자리에 있던 NP가 그 자리
에서 절대격을 받고 이러한 절대격이 구조적 격을 대신할 수 없어서,
EPP를 만족하고 시제 T가 주는 구조적 격을 받으려고 내재적 격인 절
대격을 달고, 그대로 앞으로 이동한 것이라고 보면 설명이 된다. 만일
이 분석이 옳다면 시제가 없는 절에서는 (19b)와 같은 NP이동이 안 일
어나야 한다는 예측이 가능하다.

(19)  Warlpiri (Pama-Nyungan: Central Australia)
    a. nyuntulu-rlu   ka-npa-ju         ngaju         nya-nyi
       you-ERG        PRS-2SG-1SG       me-ABS        see-NPST
       'you see me.'
    b. ngaju        ka-rma        parnka-mi
       me-ABS    PRS-1SG    run-NSPT
       'I am running.'

시제절이냐 아니냐에 따라 영향을 받는 것은 구조적 격(주격)이며, 주어
자리에 오는 절대격이다. 그와는 반대로 시제절이든 아니든 상관없이
항상 나타날 수 있는 것은 주어자리에 오는 ERG이다. ERG은 어휘적
격이며 내재적 격이기 때문이다. (20a)에서 종속절 주어 *his mother*는

시제가 없는 절에 있지만 여전히 ERG를 가질 수 있다. ERG은 경동사 *v*가 주는 격이며, T가 주는 격이 아니기 때문이다. 반대로 (20b)는 잘못된 문장이다. 종속절 주어 *children*이 ABS를 가질 수 없기 때문이다. 목적어자리에 있던 NP가 ABS를 받고 그대로 주어자리로 이동하려면, 주어자리에 격을 줄 시제가 필요하다. 그런데 이 문장의 종속절은 시제를 가지고 있지 않기 때문에 구조적 격을 부여할 자가 없다. 따라서 주어 NP가 ABS를 가진다면 반드시 시제가 있어야 한다. 그 조건을 어긴다면 인허조건을 어긴 것이다. 그렇다면 목적어 NP가 ABS를 받고 움직이지 않고 그냥 제자리에 머물면 좋은 문장인가? (21)은 목적어 *food*이 ABS를 받고 이동하지 않는 경우를 보여주며, 그러면 좋은 문장이라는 것을 보여준다.

(20)  a. Warlpiri: 비시제절이며 종속절에서 ERG를 가진 주어가 온다는 증거

Kurdu-lpa            manyu-karri-ja,    [ngati-nyanu-rlu
child-PASTIMPF    play-stand-PAST    [mother-POSS-ERG
karla-nja-rlarni.]
dig-NONFIN-OBVC]
'The child was playing, while his mother was digging (for something).'

b. Warlpiri: 비시제절이며 종속절 주어자리에 ABS는 불가능하다는 증거

Ngarrka-patu-rlu    ka-lu-jana
man-PAUC-ERG    PRES.IMPERF-3PL.SUBJ-3PL.OBJ
puluku             turnu-ma-ni....
bullock.ABS     group-CAUSE-NONPAST

*....[kurdu parnka-nja-rlarni].

[child.ABS run-NONFIN-OBVC]

'The men are mustering cattle while the confirming her approach-since finiteness is not expected to affect ACC case.

(21)   Warlpiri: 목적어 NP가 ABS를 가지는 것은 가능하다는 증거

Ngarrka-patu-rlu     ka-lu-jana

man-PAUC-ERG    PRESIMPF-3PL.SUBJ-3PL.OBJ

puluku     turnu-ma-ni,

bullock    muster-NPAST

[karnta-patu-rlu          miyi          purra-nja-puru.]

[woman-PAUC-ERG    food.ABS    cook-NONFIN-TEMPC]

'The men are mustering cattle while the women are cooking the food.'

Legate(2008)의 연구로 인하여, 시제는 주어자리의 격처리에만 영향을 주며 목적어자리에는 영향이 없음이 밝혀진다. 그리고 경동사는 내부논항에 대격을 주고 외부논항에 의미역을 준다는 Chomsky(1995)의 입장을 더욱 강화시키면서, 거기에서 한 걸음 더 나아가 의미역을 주는 자는 내재적 격을 줄 수도 있다는 것이 ERG/ABS 격패턴을 가진 언어를 통하여 규명되었다.

## 2.4. 격과 시제

언어는 왜 격현상을 보이는 것인가? 이런 질문을 세분화하면 다음과 같다.

1. 격이란 무엇인가?
2. 왜 명사구는 격을 필요로 하는가?
3. 영어와 라틴어에서 V와 P는 격을 주지만, N과 A는 격을 못 준다. 왜 이러한 차이가 생기나? 격현상에서 시제가 있고 없음이 특별히 중요한데, 이러한 현상은 왜 생기는 것인가?

80년대 초반의 Chomsky는 NP가 격을 필요로 하는 이유에 대하여 가시성 조건(Visibility Condition) 때문이라고 하였다. 의미해석을 맡고 있는 LF에서 NP를 보려면 Case가 필요하다는 것이다. 그러나 명사적 역할을 담당하고 있는 것은 NP와 CP의 두 가지이고, CP는 Case가 불필요하기 때문에 의미해석과 가시성을 연결시키면, CP를 잘 설명할 수 없게 된다. 이 문제에 대하여 Pesetsky & Torrego(2001)은 전혀 다른 관점에서 새로운 대안을 내놓았다. 영어와 라틴어의 NP를 들여다보면 다양한 자질들(인칭, 수, 성)을 가지고 있으며, 그 자질들이 언제나 해석을 요구하는 것도 아니다. 시제절의 동사들은 그 주어와 동일한 어휘자질들을 가지고 있다. 인칭, 수, 성과 같은 어휘자질들은 어떤 위치, 어떤 상황이냐에 따라서 해석이 되기도 하고 안 되기도 하는 유동적인 속성을 보인다. 주격과 대격은 매우 다르며, 격 자질은 의미해석이 비어있다는 것이 특징적이다. 이러한 특징을 포착하여, P & T는 격이 해석 가능한 자질이 반드시 가져야 하는 해석불가능한 짝(counterpart)라는 제안을 하였다. 예를 들면 주어 NP는 시제 T에 의하여 주격을 받아야 한다. 시제 T는 해석가능하고 주격 NOM은 해석 불가능한 자질이다. 주어 NP는 해석 가능한 자질이고 주격 NOM은 해석 불가능한 자질이다. 따라서 주어 NP가 가지고 있는 주격은 T이다. 따라서 Case는 T이다. 유일한 차이점은 시제는 해석 가능한 자질이고 격은 해석 불가능한 자질이다. 그러나 시제나 주격이나 본질적으로 같은 것이다. 이렇게 본다면 위의 질문에서 첫 번째와 두 번째는 대답이 주어지고, 세 번째 질문도 자연스럽게 설명이 된다. 경동사 *v*는 어휘동사 V보다 상위요소이며 T의 다른 형태이다. 따라서 T와 연관이 있는 V와 P는 격을 주고, 연관이 없는 N과 A는 격을 못 준다. Chomsky(1995)가 주장한 바와 같이 어휘항목에는 두 가지 형태가 있다. 값이 정해진 어휘항목과 값이 정해지지 않은 어휘항목이 있다.

명사는 단수명사와 복수명사에서 보듯이, 그냥 어휘사전을 통하여 그 자질이 대부분 밝혀진다. 그러나 동사는 그렇지 않다. 동사에 포함된 자질들은 통사적 작용을 통하여 그 값이 정해진다. 이러한 과정을 일치(Agree)라고 부른다. 원래 값이 정해지지 않은 자질들이 이동을 한 연후에 가장 가까이 있는 요소가 가진 자질에 의하여 값이 정해지는 과정이 일치이다. P & T는 격현상이 그 본질을 들여다보면, 결국은 NP가 가지고 있는 값이 없는 T-자질과 T가 가지고 있는 값이 있는 T-자질이 만나서 자질일치를 하는 과정이라고 본다.

그러므로 모든 NP는 왜 격을 필요로 하는지에 대한 의문이 풀린다. 이런 입장을 확대하면, NP는 격을 필요로 하고, CP는 격을 필요로 하지 않는 것도 설명할 수 있다. CP는 내부에 이미 T를 가지고 있고, NP는 그렇지 못하여, 외부의 T를 필요로 하기 때문이다. 그 외부의 T가 바로 Case이다. T와 Case는 본질적으로 하나이며 해석이 가능한 형태가 T이고 해석이 불가능한 형태가 Case이다. CP와 PP는 이미 내부에 자질이 정해진 T를 가지고 있고, NP는 자질이 정해지지 않는 T를 가지고 있다. 그래서 반드시 T의 값을 정해야 하는 것은 NP만이 가지는 특징인 것이다. 그렇다면 내재적 격이나 어휘적 격은 어떠한가? 앞에서 보았듯이 내재적 격은 어휘적 동사가 주는 것이며 구조적 격이 아니다. 따라서 자질 점검이 일어나지 않는다. 격현상이 본질적으로 T의 자질을 정하기 위하여 일어나는 것이므로 격을 둘러싼 모든 현상이 T를 중심으로 돌아가는 것이다. 다음 예문은 호주 원주민 언어 중 하나인데, 격과 시제가 직접적 관계를 맺는 중요한 예문이다. 주어 NP는 격을 받는데, 그 격과 시제는 일심동체이다. 격이 바로 시제를 반영하는 언어가 많지는 않아도 전혀 없는 것도 아니다.

(22)  Pitta-Pitta

　　　Ngapiri-ngu　　thawa　paya-nha.

　　　father-FUT　　kill　　bird-ACC

　　　'Father will kill the bird (with missile thrown).'


(23)  Halkomelem Salish interpretable T on N

　　　a. te-l　　　　　　má:l-elh

　　　　 DET-1SG.POSS　　father-PAST

　　　　 'my late father'

b. te-l                  xéltel-elh

DET-1SG.POSS    pencil-PATS

'my former pencil'

(22)에서 격은 미래시제를 보여주며, (23)에서 소유격은 과거시제를 보여준다. P & T의 입장은 모든 논항(CP, PP, NP)이 값이 정해지든 정해지지 않든 T자질을 가지고 있다고 가정한다. 그리고 격부여현상은 이러한 T자질이 일치를 통하여 값을 정하는 과정이라고 본다. 그렇다면 실제 언어자료에서 NP에 붙은 T자질에 대한 증거를 찾아낸다면 앞으로의 논쟁에서 더 유리할 것이다. (38)은 NP에 T자질이 오며, 그 자질이 해석이 가능한 경우도 있다는 것을 보여준다. 이 언어는 소말리어이며, 영어나 라틴어나 러시아어에서는 NP에 오는 T자질이 해석이 불가능한 차이만 있다.

격현상이란 NP에 있는 값이 정해지지 않는 T자질을 위한 일치현상이다. 이러한 주장을 받아들인다면, 왜 주격과 대격이라는 차이가 생기는지에 대한 질문이 저절로 나온다. 주격과 대격의 구별은 다음과 같이 한다. T가 격을 주면 주격이며, 경동사 $v$가 격을 주면 대격이다. 즉 격을 주는 자가 누구냐에 따라 격의 성질이 달라진다는 것이다. Chomsky도 과거에 비슷한 주장을 하여, 격현상을 자질일치로 보았다. 그러나 그는 가장 중요한 자질을 φ-자질로 보았고, 여기서는 T자질로 보는 것이 차이점이다. 어느 입장이든 주격과 대격이 공통적으로 자질일치이며 통사적 인허조건이라고 주장한다는 점에서 같다.

이와 다른 입장으로 Marantz(1991)의 연구를 비교하여 보자. Marantz는 모든 격어미가 형태적이며 어휘적인 현상일 뿐이며 통사적 현상이 아니라고 본다. 라틴어나 아이슬란드어 자료를 설명하기 위하여, 주격은 시제 T와 가까운 NP이면 받을 수 있고 대격은 주격보다 하위의 NP이면 받는다고 보았다. 다시 말하면 주격과 대격을 결정하는 과정에서 형태론적 위계질서를 따른다는 것이다. 만일 주격과 대격 중 둘 다 줄 수 있는 상황이라면 우선적으로 먼저 주격을 주고, 그보다 우선순위가 밀리는 NP가 남아있다면 그 때 대격을 준다는 입장이다. 그러므로 목적어자리에 있는 NP라도 만일 주격과 대격 중에 아무 것이나 선택할 수 있다면 우선적으로 먼저 주격을 받을 확률이 있다. 그의 이론에서 모든 격은 형태론적 현상이므로 NP가 목적어자리에 있다는 것이 주격을 받는 일에 대한 걸림돌로 작용하지 않는다. 이렇게 보면 예문 (25)에서 종속절에 두 개의 NP가 있을 때, 앞에 나온 NP가 특정격인 여격을 받았고, 뒤에 오는 NP는 NOM/ACC에서 아무 것이나 자유롭게 선택할 수 있는 입장이다. 이럴 때 주격이 대격보다 형태론적으로 우위에 있기 때문에 목적어자리에 있음에도 불구하고 주격을 받았다고 설명한다.

(24) A dependent-case account of NOM and ACC(based on Marantz 1991)

    a. NOM is the morphology found on the highest non-case-marked nominal in a clause in which V has entered a relationship with T.

    b. ACC case is the morphology found on a nominal within a domain in which a higher nominal has received NOM.

(25) Eg tel     [henni     hafa     alltaf     þótt
     I   believe her-DAT  to-have  always    thought
     [Olafur   leiðinlegur]]
     Olaf-NOM  boring-NOM

지금까지 본 바와 같이 격현상은 크게 두 가지 입장, 통사적으로 접근한
다면 일치로 보는 입장과 형태적으로 접근한다면 의존관계로 보는 입장
으로 구별할 수 있다. 일치현상이나 격현상이나 그 본질이 같다. 그러나
Bobaljik(2008)이 주장한 바와 같이, 실제자료를 접해보면 동사의 일치
현상은 형태론적 위계질서에 매우 민감한 반응을 보인다. 이와 같이 매
우 복잡하고 다양한 격현상이 존재하므로, 모든 것을 통사적 일반원리
로만 설명하기 힘들다. 따라서 격현상은 형태론적 현상이면서 통사론적
현상이라는 양면성을 인정해야 한다.


## 2.5. 연속순환이동

Chomsky(2000)에서 자질의 삭제는 일치와 이동에 의하여 이루어진다.
일치는 자질이동에 상응하고, 이동은 범주이동에 상응한다. 기능범주에
존재하는 비해석성 φ-자질은 탐침(probe)으로 기능하여 자신의 자질에
부합하는 목표(goal), 즉 해석성 φ-자질을 찾아 일치한다. 이 일치과정
은 비해석성 φ-자질의 삭제와 함께 비해석성 φ-자질의 반사영상(reflex)
으로서 명사에 존재하는 비해석성 격 자질의 부수적 삭제를 포함한다.
일치가 일어나려면 (i) 일치를 촉발하는 탐침에 목표가 부합(matching)
하여야 하고, 다시 말하면 자질이 동일하다는 조건(feature identity)을

만족시켜야 하고, (ii) 목표가 탐침의 자매 범위(sister domain) 다시 말하면 탐침의 성분통어 범위(c-command domain)에 있어야 하며, (iii) 목표는 성분통어 범위에서 탐침에 가장 가까운 최단거리, 즉 국부성조건(locality condition)을 만족해야 한다.

(26)  T be elected an unpopular candidate.

이 문장에는 세 개의 비해석성 자질이 있다. T의 $\phi$-자질과 EPP 자질, 그리고 끝에 있는 명사구 *an unpopular candidate*의 격 자질이 있다. $\phi$-자질은 T를 이동의 표적이 되게 만들고, EPP 자질은 이동을 유발하며, 명사구가 가진 격 자질은 이 명사구가 이동하는 요소가 되도록 만든다. 구체적으로 말하면, T의 $\phi$-자질은 탐침(probe)으로서, 부합하는 자질, 즉 목표(goal)를 성분통어 범위에서 찾는다. 명사구의 $\phi$-자질이 가장 가까운 목표이자 유일한 목표이다. 두 자질 사이에 일치가 일어나면 탐침 자질은 삭제되고, T의 비해석성 $\phi$-자질의 반사영상으로서 명사구의 격 자질도 생략되어 사라진다. EPP 자질은 명사구가 T의 지정어 자리에 병합될 때 삭제된다. 처음에 Chomsky(1995)는 명사구의 연속순환이동을 설명하기 위하여 강자질이라는 개념을 도입하였다.

(27)  We are likely [$t_3$ to be asked [$t_2$ to [$t_1$ build airplanes]]]

모든 가시적 이동은 강자질 때문에 일어난다고 주장하고, (27)에서 중간에 오는 비시제절 I는 강자질 D를 가지고 있기 때문에 가시적 이동을 유발하는 요인이 된다고 보았다. 그렇다면 가시적 의문사이동이 순환적

으로 일어나는 경우에도 마찬가지로 강자질을 확대적용하면 설명이 잘
되어야 한다. 그러나 이러한 확대적용은 다음과 같은 문제를 일으킨다.

(28) a. *John thinks that Mary likes which pictures of himself
best?

b. Which pictures of himself does John think that Mary
likes t best?

c. Which pictures of himself does John think that Dan
believes that Tom showed t to Mary?

이 문장에서 의문사구가 이동할 때 반드시 중간절 C의 지정어 자리를
경유하여 가야할 동인이 무엇인지 생각해보자. 연쇄적 이동을 유발하려
면 이 경우에도 중간절 C가 강자질인 D를 가져야 한다. 그러나 위에 나
온 예문에서 종속절은 의문문이 아니라 평서문이어서 강자질이라고 보
기 어렵다. 게다가 다음 예문을 보면 평서문의 경우 C의 자질은 강자질
이 아니라 약자질이라고 보아야 함이 명백하다.

(29) a. John gave the book to Mary.
b. They think that John gave the book to Mary.

(29a)에서는 *the book to Mary*, (29b)에서는 *that John gave the book
to Mary*의 맨 앞에 C가 있다. 만일 평서문에서 C가 강자질을 가진다면,
반드시 가시적 이동을 요구하며, (29)의 경우에는 아무런 이동이 없기
때문에 비문이 되어야 한다. 따라서 명사구 연속순환이동은 강자질로
설명이 되지만, 이를 의문사 연속순환이동에 확대하여 적용하면 설명이

안 된다. 그러므로 이 문제점을 해결하기 위하여, 강자질을 버리고 가시적 이동의 동인을 EPP 자질로 볼 것을 제안한 것이 Chomsky(2000)이다.

(30)  We are likely [t to be asked [t to [t build airplanes]]]

모든 T에 필수적으로 나타나는 EPP 자질과 명사구 이동을 살펴보면, 명사구가 중간절 T에 있는 EPP 자질의 삭제를 위하여 이동하고, 다시 주절 T에 있는 EPP 자질의 삭제를 위하여 연속적으로 이동한 것이다.

다음으로 수의적으로 C나 $v$에 나타나는 EPP 자질을 살펴보자. 해당 배번집합의 어휘항목이 완전히 소요되어 하나의 국면이 완성된 후에, 국면의 핵인 C나 $v$는 수의적으로 EPP 자질을 부여받을 수 있다. 이러한 EPP 자질의 수의성은 결과(outcome)에 영향을 줄 때에만 제한적으로 적용된다. 즉 EPP 자질의 수의적 부여는 항상 일어나는 것이 아니라, 간접적 자질이동이나 주변위치(peripheral position)와 관련지어 해석에 영향을 미칠 때에만 가능하다는 것이다. 예를 들면, $v$가 EPP자질을 부여받는 경우는 목적어 전이(object shift)의 경우가 유일하며, C가 EPP 자질을 부여받는 경우는 의문사구가 C의 지정어 자리로 이동하는 경우로 매우 제한적으로 적용된다. 이러한 EPP 자질의 수의성은 앞서 언급한 강자질의 문제점을 해결한다. 평서문에서는 C에 EPP 자질이 없을 것이니 가시적 이동이 없어도 올바른 문장이 도출될 것이다. 반면에 의문사이동이 연속적으로 일어나는 경우에는 중간절 C에 간접적 자질이동을 위하여 수의적으로 EPP 자질부여가 인가되므로, 의문사 연속순환이동을 설명할 수 있을 것이다.

Pesetsky & Torrego(2004)는 Chomsky의 자질이론에서 자질유형과 '결함이 있는 시제(defective I)'라는 개념을 설정하는 것에 대하여 반대하고, 새로운 접근방식을 택한다. Chomsky(2001)는 통사부의 운용은 자질의 해석성 여부에 대한 정보는 가질 수 없지만 평가여부에 대한 정보는 가질 수 있다고 전제하고, 다음과 같은 제안을 하였다.

    (31) 상호 조건적 평가와 해석성

자질 F가 미평가일 때, 그리고 오직 그럴 때에만 자질 F는 비해석적이다. 다시 말하면, 탐침여부를 구별하는 기준은 통사운용상에서는 평가여부이지만, 종국적으로는 해석성이라는 것이다. 이 제안에 대하여 탐침자질이 미평가된 것이어야 한다는 것에는 찬성하지만, 평가와 해석성은 반드시 상호조건적인 것이 아니라고 보는 것이 Pesetsky & Torrego (2004)의 입장이다. 이러한 새로운 주장은 다음과 같은 4가지 자질유형을 가능하게 한다.

    (32)  자질 유형
        (i)   비해석성, 평가됨
        (ii)  해석성, 평가됨
        (iii) 비해석성, 미평가됨
        (iv) 해석성, 미평가됨

이와 같이 새로운 자질유형을 도입하면 어떤 이익이 있는가? 의문사 일치와 이동을 설명하고자 할 때 Chomsky는 wh-자질과 Q-자질을 둘 다 설정하여야 하지만, 새로운 접근법에 의하면 그냥 Q-자질만 가지고 얼마든지 의문사의 이동경로에 자질공유를 표시할 수 있다. 해석성 Q-자질과 비해석성 Q-자질이 일치하고 삭제하는 과정을 통해 자질점검을 성공적으로 이룰 수 있다. 명사구 이동도 자질유형과 자질공유의 개념을 이용하여 설명할 수 있다. 명사구 인상구문에 대한 그들의 설명은 (i) 명사구가 격의 값을 얻는 과정을 φ-자질의 설정 없이 설명하며, (ii) 부정사 구문의 T는 주절의 T와는 달리 결함이 있다는 작위적 제안, 즉 결여성에 대한 가설을 버리고 평가여부에 따라 설명한다. 시제절은 평가됨이며 비시제절은 미평가이므로 당연히 차이가 발생한다. 의문사의 연속순환이동에서도 중간절 C가 주절 C와 다른 행동을 하는 것은 해석성에 있어서 차이가 있기 때문이라고 설명한다. 이러한 새로운 접근법에서 일치나 이동은 비해석성 자질이 해석성 자질을 찾아 일어나는 것이 아니라, 미평가된 자질이 평가된 자질을 찾아 일어나는 것이다. 따라서 두 자질 모두가 비해석성 자질이라는 경우가 발생할 논리적 가능성이 있다. 이에 대하여 Pesetsky & Torrego(2004)는 Brody(1997)의 제안을 수용한다.

(33)  기본적 해석성의 명제(Thesis of Radical Interpretation)
      각각의 자질은 반드시 어떤 통사적 위치에서 의미 해석을 받아야 한다(Each feature must receive a semantic interpretation in some syntactic location).

이에 의하면, 어떤 자질은 해석성을 가지고 어떤 자질은 비해석성을 가지는 고유한 속성이 있는 것이 아니다. 모든 자질은 본래 해석성을 가지고 있다. 그러나 통사상 비해석성을 보이는 예(instances)들이 나타날 수 있다. 이러한 특이한 예들은 반드시 해석성을 지닌 그들의 짝(counterpart)에 의하여 일치 후 삭제된다는 것이다. Chomsky 자질이론에서 가시적 이동을 유발하는 것은 활성화 자질들이다. 즉 격 자질, wh-자질, 그리고 EPP 자질은 해석성을 지닌 짝이 없다. 그래서 가시적 이동을 활성화하며, 미평가된 하위요소가 활성화요소로 인하여 평가되고 값을 얻게 된다.

지금까지 논의한 바를 요약하면, Chomsky 자질이론에서는 시제절과 비시제절의 차이를 EPP효과로 포착하며, 그와 반대로 Pesetsky & Torrego 자질이론에서는 평가와 해석성의 차이로 설명한다.

**3**

# 최소성

## 3.1. 서론

통사적 과정들은 비정형(indefinite)의 구조적 거리, 또는 일정한 통사구조를 건너서 멀리 있는 자리와 관련을 맺을 수 없다. 다시 말해서 통사적 현상은 국부성의 제약을 받는다. 국부성 이론은 생성문법의 주요 주제이며, 국부성 원리의 발견은 언어연산에 대한 세부사항들을 정확하게 과학적으로 논의하도록 질을 높여 주었다. 이러한 연구는 두뇌가 어떻게 언어구조를 산출하는지에 대한 중요한 증거를 제공하고, 또 언어에서 구체화되는 연산원리의 일반원리나 과제 특정성에 대한 기본 문제들을 제기하였다. Chomsky(1964c)의 상위범주우선(A-over-A) 조건 이래로, 수많은 국부성 원리들이 제안되었다.[16) 다양하고 잡다한 차이들을

---

16) Chomsky(1964c: 46)는 상위범주우선 조건을 다음과 같이 정의한다. "범주 A의 구 X가 또한 범주 A에 속하는 더 큰 구 ZXW내에 내포되면, 범주 A에 적용하는 어떤 규칙도 X에 적용되지 않고 ZXW에 적용된다."

무시하면, 다음과 같은 두 가지 직관적이고 일반적인 핵심개념이 국부
성 원리들을 구성하고 있다.

    (1)   간섭(Intervention):
        국부관계는 그 국부관계에서 잠재적 요소가 되는 어떤 특성을 지
        닌 요소의 간섭으로 방해된다.

    (2)   불가침(Impenetrability):
        어떤 통사구조들은 그 경계를 건너서 일어날 수 없는 국부적 규
        칙들에 영향을 받지 않는다.

간섭 국부성은 상대적 최소성(Relativized Minimality)(Rizzi 1990b와
추후 연구)이나 최소연결조건(Minimal Link Condition)/최소탐색
(Minimal Search)(Chomsky 1995b, 2000a) 그리고 어느 정도는 상위범
주우선조건 자체(Chomsky 1964c, Kayne 1975) 하에서 포함되는 다른
효과들로 표시된다.[17)18)] 또한 다중 *wh*-구문(Beck 1996, Pesetsky

---

17) Rizzi(1990)의 상대적 최소성 원리는 Chomsky(1986b)의 최소조건에 대한
    수정안으로, 구조 ...X...Z...Y...에서 Z에 의한 지배의 종류에 따라서 차단되
    는 지배의 종류도 상대적으로 달라진다고 보는 것이다. 따라서 Rizzi(1990)
    는 다음과 같이 제안하고 있다.
     (1) a. Y에 대한 잠재적 α-지배자이면서,
         b. Y를 성분통어하고 X를 성분통어하지 않는 Z가 없을 때 X가 Y를
           α-지배한다.
    여기서 α는 핵 또는 선행사를 의미하고, Z가 잠재적 핵 지배자가 될 수 있
    는 요소일 때는 핵지배만 차단하고, 잠재적 선행사가 될 수 있는 요소일 때
    는 선행사지배만 차단하는 것이다.

2000), (대체로 '주어의 간섭'으로 특징을 나타내는) 대용사 결속(Burzio 1991), (양화요소에 의한 간섭의) 극어(polarity items) 인허(Linerbarger 1981과 추후 연구), 그리고 통제는 잠재적 통제자를 뛰어넘을 수 없다는 최소거리원리(Chomsky 1969) 같은 원리들에 의한 해석적 국부성 효과들에서도 나타난다. 불가침 개념은 Ross(1967a)의 섬 제약에서, 한계절점이나 장벽(Rizzi 1978b, Chomsky 1986a)에 의한 Chomsky(1973)의 하위인접에서, Huang(1982)의 추출영역(Extraction Domain)조건에서, 그리고 최근 국면이론에서의 국면불가침조건(Chomsky 2001, Nissenbaum 2000)에서 매우 다른 형태로 나타났다.

본 연구는 간섭 국부성에 초점을 두고 있다. 여기서는 미미할 정도로만 불가침을 다루고 두 개념의 통합 가능성에 대한 문제를 제기하지 않으면서 간섭에 대한 고전적 사례들을 살펴볼 것이다(통합에 대한 가능성에 대해 Rizzi 2009, 그리고 최소주의에서 국부성 문제에 대한 포괄적인 평가에 대해 Boeckx 2008a를 보라).

---

18) Rizzi(1990)의 상대적 최소성 원리에 입각하여 최소이론에서는 최소연결조건이라는 경제 원리를 제안하고 있다. 최소연결조건은 이동 연쇄의 연결은 최소화되어야 한다는 것이다. 따라서 성분은 한 위치에서 다른 위치로 가능한 한 최단 단계에 따라 이동해야 한다. 다시 말하면, 논항이동은 논항 위치를 건너갈 수 없고, 운용자이동은 비논항 위치를 건너갈 수 없고, 또한 핵이동은 핵 위치를 건너갈 수 없다는 것이다.

## 3.2. 구조유형 최소성

어떤 *wh*-요소들은 간접의문문에서의 추출을 강하게 거부하는 반면, 그들은 많은 언어에서 평서문에서의 추출을 자유롭게 허용하는데, 그 대조가 *how* 같은 부가어에 의해서 명백히 나타난다.

    (3)    How do you think [he behaved __]?

    (4)    *How do you wonder [who behaved __]

이런 대조는 간섭효과로 자연스럽게 처리할 수 있다. 다시 말해서 (4)에서 비문법적인 것은 *how*, *wh*-요소 *who*와 같은 종류의 어떤 요소가 *how*와 그 흔적을 연결하는 통로에 간섭하는 것이고, 반면 (3)에서는 유사한 요소의 간섭이 없다는 것이다. 상대적 최소성은 이것을 모든 국부관계로 일반화한다(Rizzi 1990b).

    (5)    구조 ...X...Z...Y...에서, Z가 간섭하고 Z가 X와 같은 구조유형이면, 국부관계는 X와 Y를 연결할 수 없다.

간섭은 다음과 같이 계층적으로 정의된다. 즉, Z가 Y를 성분통어하고 Z가 X를 성분통어하지 않을 때 Z는 X와 Y사이에 간섭한다. 원래의 체계에서는 구조 유형분류체계는 아주 간단했다.

    (6)    구조유형
            비논항 자리(A' positions)

논항 자리(A positions)
핵(Heads)

이분지와 일반적인 구절 부가 금지를 가정하면, 보충어는 성분통어에 의하여 결코 간섭하지 못할 것이다. 따라서 두 개의 구절자리 유형은 지정어인 논항과 비논항으로 축소된다.

이 체계는 *wh*-섬 모형을 두 가지 방식으로 일반화한다. 첫째, 비논항 체계에서, 간섭자는 *wh*-요소일 뿐만 아니라 일반적으로 비논항 지정어들이다. 따라서 우리는 부정에 의해 그리고 비논항 자리들을 차지하는 부사류에 의해 유도되는 비슷한 간섭효과를 생각한다. 그리하여 부정섬(Ross 1983)과 프랑스어에서 *combien*(how much/how many)추출에 의해서 가장 잘 설명되는 부사류 간섭효과(Obenauer 1983, 1994)를 설명한다.

(7)   a. How did he (*not) solve the problem _______?
     b. Combien a-t-il (*beaucoup) consulté [_____ de livres]?
        'How many did he a lot consult of books?'

이들은 선택적으로 어떤 이동을 방해하고 비대칭을 일으키는 환경들로 소위 약섬(weak islands)을 보여주는 환경들이다.

둘째, 그 체계는 비논항 외에 의존성에 대해 일반화한다. 즉 논항 의존성은 간섭하는 논항 지정어, 즉 주어에 의해서 방해받을 것이고, 그리하여 중간절을 넘어 건너는 장거리인상 금지를 설명한다.

(8)  a. *John seems [that it is likely [_____ to win]]
     b.  John seems [_____ to be likely [_____ to win]]

그리고 핵 의존성은 간섭하는 핵에 의해 방해받을 것이다. 따라서 이탈리아어 같은 언어에서는 조동사와 분사들이 비정형절 (9a-b)에서 C에 개별적으로 유인될 수 있는데, (9c)처럼 분사는 조동사를 넘어 절대로 유인될 수 없다.

(9)  a.  Essendo lei _____ tornata a Milano, ...
         'Having her come back to Milan, ...'
     b.  Tornata lei _____ a Milano, ...
         'Come back her to Milan, ...'
     c. *Tornata lei essendo _____ a Milano, ...
         'Come back her having to Milan, ...'

## 3.3. 자질유형 최소성

(6)에서 나타나는 구조 유형분류체계는 여러 면에서 너무 다듬어지지 않았다. 가장 간단한 문제는 어떤 간섭하는 비논항 자리도 다른 종류의 비논항 이동에 대해 최소성 효과를 초래하지 않는다는 것이다. 예를 들면, *beaucoup*(a lot)같은 양화부사가 (7b)와 같은 경우에 효과를 결정하는 반면 양태부사류 *attentivement*(carefully)같은 다른 부사들은 그렇지

않다(Laenzlinger 1998):

(10) Combien a-t-il attentivement consulté [ _____ de livres]?
     'How many has he carefully consulted of books?'

또 다른 경우는 이탈리아어와 여러 다른 언어들에서 (좌측 이동된 접어) 화제는 대조초점에 의해서 소개되는 내포절로부터 자유롭게 빠져나올 수 있다는 것이다.

(11) A Gianni, credo che QUESTO gli volessero dire (non
     qualcos' altro)
     'To Gianni, I believe that THIS they wanted to say' (not
     something else)

자리에 대한 표준가정 하에서는, 화제와 초점은 좌측주변의 비논항 자리이고, 양화 양상부사는 물론 양태부사는 절-내부 비논항 자리이다. 그래서 (6)에 있는 단순한 유형분류체계로는 필요한 차이를 끌어낼 수 없다.

Chomsky(1995b)는 위치에 대해 훨씬 더 세밀한 유형분류체계를 포함하는 최소연결조건에 의해 상대적 최소성을 수정했다.

(12) 최소연결조건(Minimal Link Condition: MLC)
     구조 ... $X_{+F}$... $Z_{+F}$... $Y_{+F}$ ...에서, 같은 자질 +F로 명시되고 Y보다 X에 더 가까운 요소 $Z_{+F}$이 있다면 $X_{+F}$는 $Y_{+F}$를 유인할 수 없다.

MLC는 자질의 정체에 의하여 간섭효과를 구체적으로 명시한다. 만약 이동구조에서 간섭자가 유인자와 피유인자와 같은 자질로 명시된다면 간섭자는 국부관계를 차단한다. 따라서, (13)에서 주절 보문소에 의한 *how*의 유인은 *who*의 간섭에 의해 차단된다.

(13)  C~wh~ you wonder [who~wh~ behaves how~wh~]

(10)과 (11) 같은 경우에서는 간섭자는 자질에 있어서 이동의 표적 (target)과는 다른 방식으로 명시된다. 즉, 초점자질은 화제(Topic)와는 다른 비논항 자질이다. 따라서 이런 경우들에서 간섭효과의 부재가 예상되고, 양태부사는 +*wh* 요소로 명시되지 않는다.

MLC는 (6)보다 좀 더 세밀한 자질기반 방식으로 간섭자의 유형분류체계를 정의함으로써 이런 경우들에서 바람직한 결과를 얻는다. 다른 한편으로는, 간섭자의 자질신분에 기반을 둔 체계는 너무 세밀해서 본래 상대적 최소성에 의해 포착되는 몇 가지 일반화를 포착할 수 없다. 예를 들면, (7a)에 의해서 나타나는 부정섬인데, 간섭하는 부정이 *wh*-자질로 명시되지 않고, 달리 그것은 의문사 C에 유인될 것인데 유인되지 않는다. 하지만 그것은 *wh*-요소의 유인을 차단한다. 유사하게, (7b)에서 양화부사는 *wh*-요소로 명시되지 않는다. 즉 양화부사는 C 체계에 유인되지 않지만 그것은 *wh*-유인을 차단한다. 형식적 간섭원리에 의하여 이런 일반화에 대한 설명을 유지하려면, 원래의 (6)보다 더 세밀하지만 유인자질의 신분에 기반을 둔 체계보다 덜 세밀한 간섭자의 유형분류체계에 대한 정의를 필요로 한다.

그런 체계가 통사구조의 도면작성연구에 대한 생각과 분석적 결과에 기반을 두고 Rizzi(2001a, 2004a)에서 제안된다(Cinque 1999, 2002, Belletti 2004b, Rizzi 1997, 2004c, Cinque & Rizzi 2010). 그것은 유인자질들이 다른 부류로 분류되고, 각각은 다음과 같이 어떤 초자질(superfeature)에 의해서 정의된다는 것이다.

(14)  a. 논항(Argumental): 인칭, 수, 성, 격 ...
      b. 양화(Quantificational): Wh, 초점, 부정, 측량, 빈도
      c. 수식어(Modifier): 평가, 증거, ... 양태, 측량, 빈도, 부정 ...
      d. 화제(Topic)

논항자질들은 논항자리의 대표적인 자질인 $\phi$-자질과 격자질이다. 양화자질들은 양화사-변항 의존성의 특색을 나타낸다. 즉, 의문 운용자들, 초점성분들, 부정 등과 같은 작용역을 취하는 요소들이다. 수식어 자질들은 부사류 자리를 확인한다. 그래서 대체로 우리는 Cinque 계층(Cinque 1999)을 나타낸다. 화제들은 논항도, 양화사도, 부사류도 아니기 때문에 그들 자체의 부류를 형성한다. 교차-부류가 상당히 많은데, 예를 들면, 어떤 부사류(측량, 빈도, 부정, . . .)는 양화적이기도 하고, 반면 다른 부사류들은 그렇지 않다. 여기서 (14)의 자질부류들이 상대적 최소성의 기능에 관련된 구조 유형학을 정의한다고 규정한다. 다시 말해서 표적(target)과 같은 자질부류에 속하는 간섭자들은 국부관계를 차단하고, 다른 효과는 부류를 넘어 관찰되지 않는다. 그래서 예를 들어 간섭하는 양화부사는, 아래에서 반복되는, (7b)와 같은 경우에서 양화 비논항 연쇄를 차단하고, 반면 '순수한' 수식어 양태부사는 차단효과를 갖지 못한다

(Chomsky 1995b에서처럼, 흔적은 이동된 요소의 완전하지만 발음되지 않는 복사들을 나타낸다는 흔적에 대한 복사이론을 수용한다. 이동된 요소는 각 괄호로 표시된다).

(15)

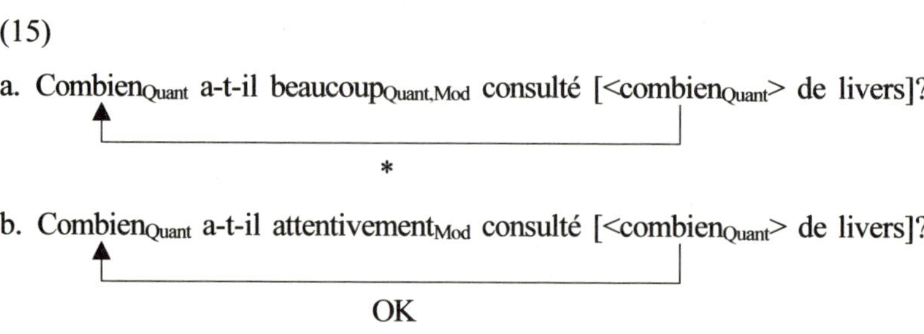

유사하게, 간접의문문에서의 *wh*-추출은 양화요소를 넘어 교차하는 비논항 양화연쇄를 포함하여 상대적 최소성을 위반한다. 반면 이탈리아어에서 초점을 넘는 화제추출은 다른 자질 부류인 Quant에 속하는 자리를 넘어 교차하는 화제연쇄를 포함하는데 이것은 가능한 구조를 만들어낸다.

(16)

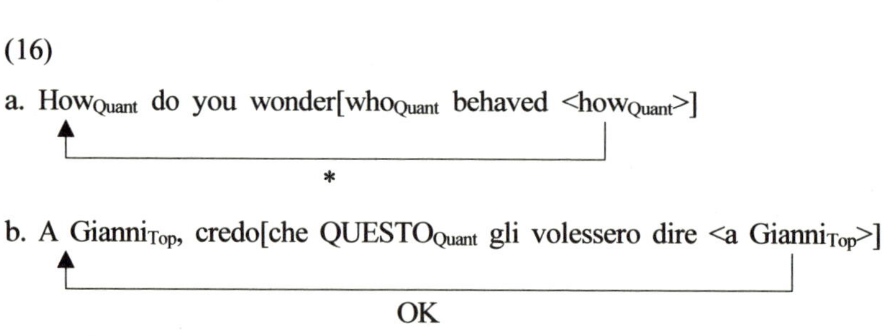

결론적으로 간섭효과를 보이는 상대적 최소성은 두 가지 경우에 촉발된

다. 하나는 국부관계에 속한 요소와 동일한 자질이면 간섭효과를 내며, 또 하나는 충분히 유사한 자질을 지니면 간섭효과를 나타낸다. 여기서 유사성은 (14)에서 초자질에 의해서 확인된 여러 자질부류들에 해당한다(Starke 2001, 자질기반 간섭 국부성에 대해 Boeckx & Jeong 2004를 보라).

## 3.4. 비대칭

간접의문문에서의 *wh*-추출이 항상 틀린 것은 아니다. 다음 예문을 살펴 보자.

    (17)  a.  Which problem do you wonder how to solve?
           b. *How do you wonder which problem to solve?

전통적으로, 이 대조는 논항/부가어 비대칭으로 기술한다. 한편으로는 (18b)에서 보듯이 wh-지정어가 직접 목적어 DP에서 하위-추출된다면 중간에 낀 양화부사가 간섭효과를 일으키지만, 모든 목적어 DP가 동반 이동(pied-piped)된다면 중간에 양화부사가 있어도 간섭효과가 없다 (Obenauer 1983. 1994).

    (18)  a. *Combien a-t-il beaucoup consulté [ _____ de livres]?
             'How many did he a lot consult of books?'
         b.  [Combien de livres] a-t-il beaucoup consultés _____?
             'How many of books did he a lot consult?'

다른 한편으로는, 다음과 같이 소절의 *wh-*형용사적 술어를 포함하는 논항-술어 비대칭이 있다(Baltin 1992).

(19)  a. ?How many students do you wonder whether Bill considers ______ intelligent?
      b. *How intelligent do you wonder whether Bill considers these students ______?

이러한 사실은 비대칭이 논항과 그 밖의 모든 것 사이에 존재한다는 것을 시사한다. 다시 말해서 *wh-*논항들은 약섬을 만드는 환경에서 추출될 수 있지만, 그 밖의 모든 것(부가어, 술어, 논항의 일부 . . .)은 추출될 수 없다는 것이다.

실제로 모든 논항이 똑같이 추출할 수 있는 것은 아니다. 다음의 이탈리아어 예문이 보여주듯이, 충족되어야 할 추가적인 해석적 특성이 있다.

(20)  a.  Quanti problemi non sai come risolvere?
          'How many problems don't you know how to solve?'
      b. *Quanta benzina non sai come procurarti?
          'How much gas don't you know how to get?'

왜 두 번째 추출이 첫 번째 추출보다 확실히 더 나쁘게 들리는가? 그 차이는 *wh-*변항 제약에 대한 해석적 특성에 있는 것 같다. (20a)에서는 잘 확인되고 추정되는 문제집합의 발화 맥락을 상상하기가 쉽고, 그 질문은 추정되는 문제집합의 진부분집합에 대한 수와 또한 간접적으로는 성분과 관련이 있다. 자연스런 답은 '세 문제, 다시 말하면 당신이 알고 있는 여섯 문제 집합에서 문제 1, 3, 4' 같은 것이다. 다른 한편으로는, (20b)의 질량 표현 'how much gas' 경우에서, 가스의 구체적인 양은 추정되지 않는다. 우리는 알려진 집합의 특정한 부분집합을 확인하는 것이 아니라 단지 양을 묻고 있는 것이다. 하지만 이 경우에서조차도, 변항 범위에 대한 추정된 특성을 명백하게 하는 부분사(partitive) 표현 'how much of . . .'를 사용함으로써 분명하게 추정된 해석이 강요될 수 있다. 이 경우에서는 추출이 상당히 나아진다.

(21) ?Quanta della benzina che ti serve non sai come procurarti?
     'How much of the gas you need don't you know how to get?'

이것은 담화-연결(또는 D-연결)이라고 불리는 특성으로, 변항 범위가 추정되고, 담화에서 가장 두드러지거나 잘 알려진 것으로 여겨지는 *wh*-구들의 특성이다(Pesetsky 1987, Cinque 1990).

순전히 해석적 특성 그 자체로는 논항의 추출을 허용하기가 충분치 않다. 이탈리아어에서 다음의 대조를 생각해 보자.

(22) a. Quanti di questi problemi non sai come risolvere?
        'How many of these problems don't you know how to solve?'
     b. *Quanti non sai come risolverne (di questi problemi)?
        'How many don't you know how to solve of-them (of these problems)?'

수용 가능한 (22a)에서는, D-연결되고 부분사 어휘제약을 포함하는 전체 *wh*-구가 한 단위로 좌측주변으로 이동된다. (22b)에서는 어휘제약은 섬 안에서 *ne* 접어화(cliticization)에 의해 대명사화되고 그 나머지는 *wh*-이동된다. 해석은 두 경우에서 모두 D-연결된다(제약이 추정된다는 것은 (22b)에서 우측-이동된 부가어구(tag)에 의해서 분명해진다). 하지만 그 두 구조는 받아들임에 있어서 분명히 다르다. D-연결은 충분하지 않으며, D-연결은 추정된 어휘제약이 *wh*-구와 함께 좌측주변으로 동반 이동되어야 한다. 만약 (22b)에서처럼 그 둘이 분리된다면 *wh*-추출은 여전히 배제된다.

이런 효과를 포착하기 위해서 매우 다른 제안들이 제기되었다. 일부 제안들은 D-연결된 *wh*-구에만 이용할 수 있는 비국부적 연결방식을 가정한다(Cinque 1990, Rizzi 1990b, 2001b). 여기서 단일 연결방식과 일치하는 견해를 소개하고자 한다. 그 방식은 모든 종류의 비논항 연쇄에 포함되고 체계적으로 상대적 최소성에 의해서 제한되는 것이다. 이것은 상대적 최소성의 기능에 대해 특별한 가정을 요구하는데 그것은 Starke (2001)에서 주창되었다. 이 견해에 따르면(여기서 Starke의 원래 제안과는 약간 다르고 Friedmann 외(2008)에 더 가까운 용어로 사물을 표현하는데), 간섭자 Z의 자질목록과 국부관계에 들어가야 하는 두 요소 즉, 표적 X, 간섭자 Y의 자질목록 사이에 세 가지 중요한 집합론 관계가 있다(여기서 +A, +B는 자리들을 정의하고 잠재적으로 이동을 촉발시키는 형태통사자질들이다).

(23)                              X        Z        Y
    1. 일치:        *      +A       +A       +A
    2. 부분일치:  OK     +A,+B     +A       +A,+B
    3. 불일치:    OK     +A       +B       +A

각 줄에 관련된 'OK'나 '*'는 개별구조가 상대적 최소성에 의해서 허용되는지 아닌지를 나타낸다. 경우 1과 3은 간단하다. 즉 간섭자가 표적과 동일한 자질목록을 가질 때(경우 1), 국부관계가 차단된다. 간섭자가 표적과 관련하여 자질에 있어서 다를 때(경우 3), 국부관계는 허용될 수 있다. 흥미로운 경우는 2인데, 여기서 간섭자는 표적 목록의 진부분집합인 자질목록을 지닌다. Starke의 제안에 의하면, 이 경우에서는 국부관계는 허용될 수 있다. 이 결과를 얻기 위해서 (5)를 다음과 같이 수정한다.


(24)   ... X... Z... Y... 구조에서, Z가 간섭하고 Z가 관련자질 면에서 X와 Y 목록과 충분히 부합하면, 국부관계는 X와 Y를 연결할 수 없다.


여기서 우리는 '관련자질'을 (14)에서 보여준 분류에 포함되는 '초자질'로 이해한다. 그래서 표적 X가 관련자질에 대하여 간섭자 Z보다 좀 더 풍부하게 명시되어 있을 때 약섬은 무효가 될 수 있다. 그 자질목록이 동등하다면(또는, 더 한층 강력한 이유로, 간섭자가 표적보다 더 풍부하게 명시되어 있다면), 그 국부관계는 방해받는다.

D-연결로 돌아가서, 많은 연구자들은 D-연결된 *wh*-구의 화제와 같은 특성을 이해했다(Richards 1997, Rizzi 2001a,b, Bošković 2002b, Boeckx & Grohmann 2004). 화제들은 담화에서 가장 두드러지거나 친숙한 예상되는 실체들로서, 이것은 분명히 D-연결을 연상시킨다. 그래서 D-연결된 *wh*-구의 자유로움을 화제같은 특성으로 보려고 하고 또한 다른 비논항 구문에서의 자유로움을 화제의 덕분으로 보려고 부추긴다. 그럼에도 불구하고 D-연결된 *wh*-구들은 화제로 완전히 이해될 수 없다. D-연결된 *wh*-의문문은 D-연결되지 않는 *wh*-의문문만큼이나 많이 운용자-변항 구조를 포함한다. D-연결된 *wh*-의문문들은 접어 재생(resumption)과 양립할 수 없지만 직접목적어 화제들은 의무적으로 접어재생을 필요로 한다는 점에서, D-연결된 *wh*-의문문들은 이탈리아어(또 다른 로맨스어)에서 순전한 화제와는 다르다.

(25)  a. Quale problema credi che (*lo) potremmo risolvere?
        'Which problem do you believe that we could solve (*it)?'
     b. Questo problema, credo che *(lo) potremmo risolvere.
        'This problem, I believe that we could solve *(it).'

D-연결된 *wh*-구에 대한 부분적 화제를 표시하기 위해서 우리는 다음과 같이 추론한다. *wh*-와 화제 핵이 핵이동을 통해 그 절의 좌측주변에서 결합하여, 복합핵 +Wh, +Top을 생기게 한다고 가정해보자. 그러면 그런 복합핵은 *wh*-와 화제 특성들을 동시에 갖는 D-연결된 *wh*-구를 유인할지도 모른다. D-연결된 *wh*-구는 의문사 지정어에 의해 *wh*-로, 그리고 추정된 어휘적 제한에 의해서 화제로 명시된다. Cinque(1990)에 의하면,

(25b)와 같이 순전한 화제를 지니는 접어가 의무적으로 존재하는 것은
화제들이 (양화적) 운용자가 아니므로 변항을 결속할 수 없어서 대명사
가 필요하게 된다는 사실에 기인한다(Chomsky 1977b에서처럼, 영어에
서 화제는 아마도 영 운용자의 중재자를 통해 공백을 결속할 수 있다).
하지만 혼합구 +Wh, +Top는 +Wh 자질목록을 통해 운용자로서 자격을
얻고, 그리하여 (25b)에서 변항 즉 공백을 결속할 수 있고 결속해야한
다. 그러므로 재생 전략을 문법화하지 않았던 언어들에서는 적어도, 접
어는 배제된다.

그러면 왜 +Wh, +Top구는 약섬을 피할 수 있는가? Starke(2001)체계의
논리로 돌아가보면 관련된 표시는 다음과 같다. 우리는 (14)의 부류들에
명칭을 붙이며 관련 '초자질'을 표시한다(여기서 Top을 초자질과 일반
자질로 모두 사용하고 있다. 화제의 다른 유형들을 구별하는 것이 필요
하다면, 화제의 유형학은 Top 부류 안에서 좀 더 세밀한 자질체계에 의
해 표시되어야 한다).

(26)   Which problem do you wonder [how to solve <which problem>]
         X                         Z                      Y
      Quant, Top                Quant                 Quant, Top

표적은 Quant와 Top 부류에 모두 속하기 때문에, 국부관계의 표적은
(14)의 '초자질'에 의하여 간섭자보다는 좀 더 풍요롭게 명시된다. 따라
서 (24)에 있는 상대적 최소성의 수정된 정의에 의해 국부관계가 X와 Y
의 자질목록을 '충분히 부합'하지 않기 때문에 (23)의 부분일치 구조에

있으며, 국부관계는 내포된 C-체계에서 순전한 Quant 요소에 의해서 방해받지 않는다.

순전한 Quant *wh*-구가 D-연결된 구를 넘어 이동된다면, 그 결과는 비적형이다.

(27)   *How do you wonder [which problem to solve <how>]
           X                              Z                         Y
        Quant                      Quant, Top                  Quant

이것은 예측되는데, 즉 간섭자는 표적 Quant의 자질목록을 충분히 부합하여(사실상 그것은 또한 부가적인 자질목록 Top도 지니지만 이것은 (23), (24)하에서 국부성을 계산하는데 관련이 없다) 국부관계가 차단된다.

D-연결된 구가 또 다른 D-연결된 구를 넘어 교차하면 무슨 일이 일어나는가? 이 경우에서도 역시 추출이 용인되는 것 같다.

(28)   A che impiegato non sai quale compito affidare?
        'To which employee don't you know which task to entrust?'

이것은 예측되지 않는다. 표적과 간섭자가 동등하게 Quant, Top으로 명시되어, 그 구조가 상대적 최소성 (24)에 의해서 배제되어야 하기 때문이다. 다른 한편으로는 (*wh*-요소 *quale*의 어휘선택의 결과로) D-연결된 것으로 해석되는 동안, 간섭하는 *wh*-요소가 복합핵 +Wh, +Top의 지정어로 이동될 필요가 없다는 것을 고려해야 한다. 다시 말해서 간접의문문의 유일한 필요조건은 *Wh*-기준을 만족하기 위해서 그것이 +Wh로 명시되는 핵의 지정어로 이동한다는 것이다. D-연결된 구가 Top 자리에서 반드시 나타나는 것은 아니므로, D-연결된 구가 +Top 명시된 핵으로 이동하는 것은 수의적이다. (28)에서 간접의문문의 *wh*-구가 '순전한' +Wh 자리('순전한' Quant 자리)를 표적으로 삼을 수 있다면, D-연결된 구의 추출은 적형이어야 한다고 기대하는데, 그 기대는 (28)이 보여주듯이 옳은 것으로 보인다. 문자화된 가정 하에서, (28)은 다음과 같이 적형 표시를 나타낼 수 있다.

(29)  A che impiegato non sai [quale compito affidare <a che impiegato>]?

|  |  |  |
|:---:|:---:|:---:|
| X | Z | Y |
| Quant, Top | Quant | Quant, Top |

하지만 그 체계는 분명한 예측을 하므로 그것을 시험해 보는 것이 바람직하다. +Quant, Top 자리에서 간섭자를 넘어 Quant, Top구가 이동하는 것은 비적형이어야 한다. 만약 간섭자 Z가 (29)와 유사한 구조에서 이런 자리에 있도록 강요하는 방식이 있다면 그 예측은 확인될 수 있다.

적절한 사례는 이중 *wh*-섬 위반에 의해서 보여진다(Rizzi 1978b, 1982를 보라). 추상적인 상황으로 (C 자리가 *wh*-구인 $Wh_1$에 의해 채워진) 간접의문문에서 $Wh_2$를 추출한다고 가정해 보자. 우리의 가정 하에서 추출이 성공되려면 $Wh_2$는 Quant, Top 자리를 표적으로 삼아야 한다.

(30)  ...   $Wh_2$   ...   [$Wh_1$   ...   $<Wh_2>$ ... ]
       Quant, Top       Quant      Quant, Top

이런 방식으로 우리는 $Wh_2$가 Quant, Top 자리에 있도록 했다. 다시 말해서 또 다른 *wh*-구 $Wh_3$를 이 구조에서 추출하고자 한다면, 우리는 그 추출이 실패할 것이라고 예측한다. 즉 $Wh_3$은 $Wh_1$에서 벗어나려면 Quant, Top 자리로 이동되어야 하는데, 그것은 또한 Quant, Top로 명시되는 $Wh_2$를 불가피하게 건너야 하기 때문이다.

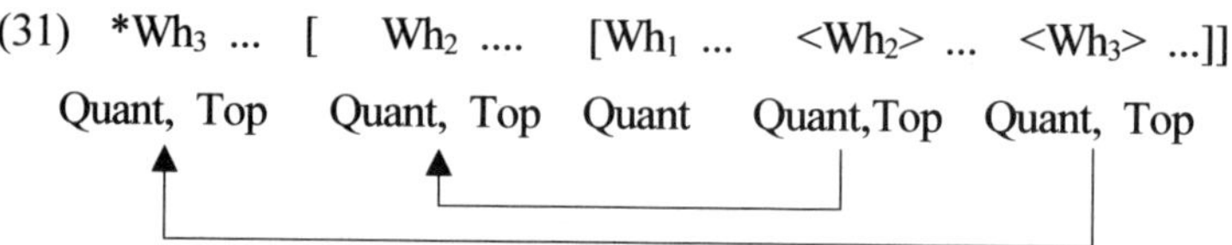

(31)  *$Wh_3$ ... [   $Wh_2$ ....   [$Wh_1$ ...   $<Wh_2>$ ...   $<Wh_3>$ ...]]
     Quant, Top    Quant, Top    Quant    Quant,Top   Quant, Top

그 예측은 사실임이 증명되는 것 같다. (29)에서처럼 가장 하위의 간접의문문에서 추출되는 $Wh_2$를 지닌 이중 간접의문문이 있는 기준 구조를 생각해 보자.

(32)  Non  mi  ricordo  [quale  libro$_i$  abbiamo  deciso  [quando
      consegnare _____$_i$ al  bibliotecario ]]
      'I don't remember which book we decided when to give back
      to the librarian'

가장 깊이 내포된 *wh*-섬((31)에서 $Wh_3$)에서 *wh*-구를 더 추출하는 것은 비적형 구조를 만들어낸다.

(33)  *A che bibliotecario$_k$ non ti ricordi [quale libro$_i$ abbiamo
deciso [quando consegnare ____$_i$ ____$_k$ ]]?
'To which librarian don't you remember which book we
have decided when to give back?'

(32)에서 구 *quale libro*가 더 상위의 간접의문문에서 Quant, Top으로
명시된 자리를 목표로 삼는다면, 가장 깊이 내포된 간접의문문에서 구
*quale libro*를 추출하는 것은 가능하다. 하지만 이 구조에서 더 이상의
추출은 저하되는 것이 분명하다. (33)에서 추출된 구 *a che bibliotecario*
가 D-연결되고 Quant, Top 자리를 표적으로 삼는다 하더라도, 그것은
불가피하게 또 다른 Quant, Top 자리를 넘어 이동할 것이고 상대적 최
소성은 위반될 것이다. 이와 같이 (33)은 추상적 구조인 (31)을 다시 만
들어낸다. 이중 *wh*-섬 구조는 중간 *wh*-구가 Quant, Top 자리로 이동하
도록 하며 이것은 추후의 어떤 추출도 불가능하게 한다.

(34)  *A che bibl .... quale libro ... quando ... ____ .... ____

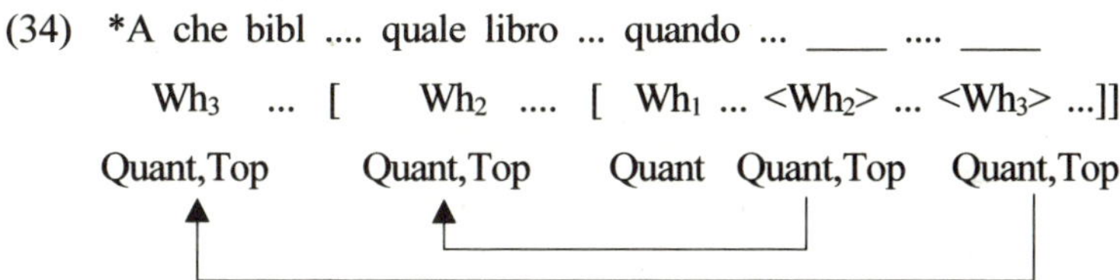

물론, 관련 구조가 복잡하다면 약간 조심할 필요가 있다. 그럼에도 불구
하고, (33)의 저하된 의미가 복잡성의 문제만이 아니라는 것이 다음과
같은 사실에 의해 제안된다. 즉, 만약 Wh$_3$에 상당하는 것이 다른 방식
을 통해 이동된 A', 예를 들어 접어좌측이동(Clitic Left Dislocation)에

서 화제라면, 관련된 의존성의 복잡성에도 불구하고 그 구조는 가능하게 들린다.

(35) Al bibliotecario, non mi ricordo quale libro abbiamo deciso quando consegnargli
'To the librarian, I don't remember which book we have decided when to give back to him'

## 3.5. 다중이동 제약

어떤 언어들은 다중 의문문에서 모든 *wh*-요소들의 이동을 허용하기도 하고 요구하기도 한다. 일부 그런 언어들은 Rudin(1988)에서 논의된 다중이동 사례들에 대한 흥미로운 제약을 보여준다. 즉, *wh*-요소들은 각각의 추출자리에 대한 (계층적 그리고 선형적) 순서를 만들어내야 한다는 것이다. 이것은 예를 들면 루마니아어에서는 *wh*-주어가 *wh*-목적어를 반드시 선행해야 한다는 것을 나타낸다(Alboiu 2000).

(36) a. Cine ce a dat lui Mihai?
'Who what gave to Mihai?'
b. *Ce cine a dat lui Mihai?
'What who gave to Mihai?'

Richards(1998)은 '밀어넣기(tucking in)'방식을 제안했다. 이 방식에 의하면 최소연결조건에 따라 상위의 *wh*-요소((36)에서 주어)가 제일 먼저 이동하고, 하위의 *wh*(목적어)가 다음으로 이동하며 유인하는 C 핵에 더 가까운 새로운 지정어 자리를 만들어내어 엄밀순환원리(Chomsky 1995b에서 확대조건; Bošković 2002b, Fox & Pesetsky 2004를 보라)를 위반한다. Krapova & Cinque(2004)는 순환원리를 약화시키지 않는 다른 방식으로 (36)에 상당하는 불가리아어에 대해 제안한다. (36a) 도출에 관여하는 두 가지 이동단계를 고려한다면, 각 단계는 (34)에서 언급된 것처럼 상대적 최소성을 위반한다.

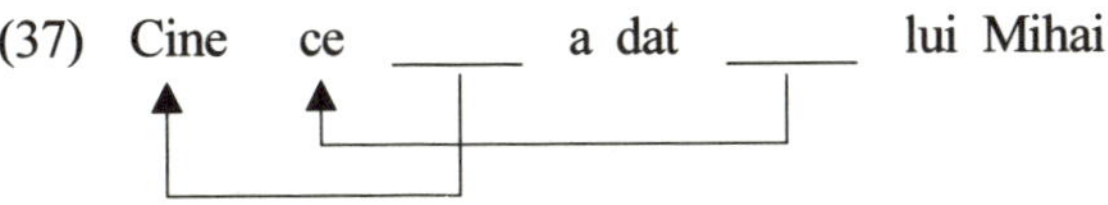

그럼에도 불구하고, 도출된 교차 연쇄에서, 간섭자는 항상 관련이 있는 연쇄의 유일한 요소이다. 다시 말해서 완전연쇄는 결코 다른 연쇄의 어떤 연결에도 간섭하지 않는다. 그래서 이 상태가 제시하는 선택사항은 상대적 최소성은 매번 이동에 적용되기 보다는 도출된 표시에 (아마도 각 국면 마지막에: Chomsky 2001) 적용된다는 것과 (24)에서 'Z가 간섭한다'는 것은 'Z의 모든 발생이 간섭한다'는 것으로 이해되어야 한다, 다시 말해서 (37)에서 연쇄 전체가 아니라 *ce*의 한 번의 발생만이 *cine*와 그 혼적 사이에서 간섭하고, 또 연쇄 전체가 아니라 *cine*의 한 번의 발생만이 *ce*와 그 혼적 사이에서 간섭한다는 것이다. 비문법적인 어순은 이 해석에 의해서 정확하게 배제된다.

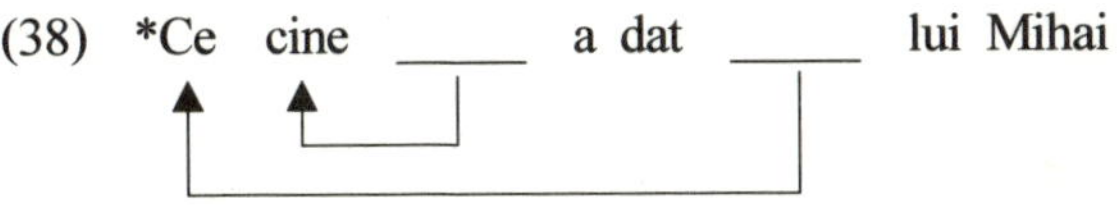

여기서 *cine*의 두 번의 발생 모두 *ce*와 그 흔적 사이에서 간섭하고, 그래서 그 구조는 현재 해석 하에서는 상대적 최소성에 의해 배제된다. 그래서 교차하는 연쇄가 허용되는 반면 내포된 연쇄는 배제된다.

관찰된 어순제한은 D-연결되지 않은 *wh*-요소들의 연쇄에 적용된다. D-연결된 연쇄는 좀 더 자유로워 두 어순 모두 허용한다(Alboiu 2000).

(39)　a. Cine cu care candidat a votat?
　　　　'Who for which candidate voted?'
　　　b. Cu care candidat cine a votat?
　　　　'For which candidate who voted?'

여기서 설명되어야 할 어순은 (39b), 즉 추출 자리의 순서를 바꾸는 어순이다. 만약 D-연결된 *wh*-구들이 D-연결되지 않은 구들에 의해 표적으로 삼는 것과는 다른 자리를 표적으로 삼는다면, 이 가능성은 사실상 예측된다. 사실 우리는 D-연결된 구들이 순수한 +Wh자리와는 다르고 또 상위자리인 복합적 +Wh, +Top 자리를 목표로 삼을 수 있다고 가정해 왔다. 여기서 (24)에서 표시된 대로 Starke 해석 하에서는 유인하는 자리의 복합적 특성인 친숙한 이유로 *cu care candidat*는 *cine*를 뛰어넘을 수 있다.

(40)　Cu care candidat　　cine ＿＿＿　a votat ＿＿＿?
　　　For which candidate　who　　　voted?
　　　　Quant, Top　　　Quant

여기서 *cu care candidat* 연쇄는 *cine*의 전체 연쇄를 교차하지만, 표적 자리가 Quant, Top으로 명시되어 있기 때문에 그 구조는 허용된다. 따라서 *cu care candidat* 연쇄는 (24)하에서는 '순수한' Quant 요소를 건너뛸 수 있다.

## 3.6. 습득과 비대칭 간섭효과

문법적일 때조차도 표적과 어떤 유사성을 지닌 구성성분을 건너는 이동을 포함하는 구조들은 성인의 언어수행에 대한 실험연구에서 드러나고, 또 언어습득과정이나 실문법증(agrammatism)과 같은 특별한 상황에서 특히 심각한 문제들을 제기한다. 전형적인 예가 주어 관계사와 목적어 관계사의 대조이다. 목적어 관계사는 일반 성인 피실험자들에 의해 주어 관계사보다 이해하기에 비교적 더 어렵고(Frauenfelder et al. 1980), 목적어 관계사는 3세와 5세나 그 이상 사이의 아이들과 실문법증 환자들에 있어서 분명히 문제가 있다. Grillo(2005, 2008)는 실문법증 환자들에 대한 목적어 관계사의 의문의 특성과 목적어를 포함하는 많은 다른 비논항 구문들이 상대적 최소성의 운용까지 거슬러 올라가는 간섭에 의하여 조사될 수 있다는 가설을 제기한다. 그의 방식에서는 실문법증 화자들에서 언어표시는, 논항과 비논항 연쇄를 다양화하는 자질 구분들이 빠져있거나 운용기억을 유지하기가 어려울 정도로, 특색있게 결핍되어있다. 이것은 실문법증에서 더욱 엄격한 상대적 최소성 효과를 야기하고, 그리하여 어떤 명사류가 다른 명사류를 넘어 교차하는 모든 연쇄를 기본적으로 배제하게 된다.

Friedmann 외(2008)는 이 생각을 발전시켜 3.5세에서 5세까지의 아동들에서 주어와 목적어 관계사 이해에서 비대칭을 포착하고자 했다. 그림-부합(또는 시나리오-부합) 과제를 사용하는 실험들에서 이 연령대에 있는 아동들은 (41a)와 같은 주어 관계사에서 누가 누구에게 무엇을 했다는 것을 올바로 이해하지만, (41b)와 같은 목적어 관계사와는 곤란을 겪어 되는대로 대답을 끌어내는 것을 보여준다(현대 히브리어 학습자들을 대상으로 실험을 했다; 정확한 답의 퍼센트는 각 예의 뒤에 표시된다).

(41)   a. Show me the lion that ___ wets the elephant. (90% correct)
       b. Show me the chick that the cow kisses ___ . (55% correct)

이것은 잘 알려진 패턴이다. 하지만 Friedmann 외(2008)는 그 효과가 모든 목적어 관계사에서 일반화되지 않는다는 것을 지적한다. 다시 말하면 그 효과는 관계사의 핵과 간섭하는 주어의 특성에 달려있다. 만약 (41b)처럼 둘 다가 [D NP]형태를 취하면, 그 구조는 문제가 있다. 하지만 핵이나 주어 중 하나의 형태가 조정된다면, 이해력이 향상된다. 이것은 관계사의 핵이 기본적인 *wh*-대명사인 자유 목적어 관계사에 의해서나 또는 현대 히브리어에서 주어가 비인칭 *pro* 즉 기본적인 D인 핵중심의 목적어 관계사에 의해 나타난다. 다음 예들을 살펴보자.

(42)   Tare   li    et   mi   she-ha-yeled menadned. (79% correct)
       Show to-me ACC who that-the-boy swings
       'Show me the one that the boy is wetting.'

(43)  Tare  li     et    ha-sus     she *pro* mesarkim oto. (83% correct)
      Show to-me ACC the-horse that-brush-pl him
      'Show me the horse that someone is brushing.'

목적어 관계사는 둘 중 어느 쪽이든 아동들에 의해 올바로 이해된다. 요
컨대, (핵중심의 자유로운) 주어 관계사는 가능성 이상이며, 목적어 관
계사는 더 복잡한 패턴을 만들며 그 패턴은 다음과 같다.

(44)  구조                                         이해력
      a. D NP 주어를 건너는 핵중심의 관계사
         [D NP]  C  [D NP]  V  <D NP>           가능성

      b. D NP 주어를 건너는 자유 관계사
         Wh   C   [D NP]  V   <Wh>             가능성 이상

      c. *pro* 주어를 건너는 핵중심의 관계사
         [D NP]  C  *pro*  V    <D NP>          가능성 이상

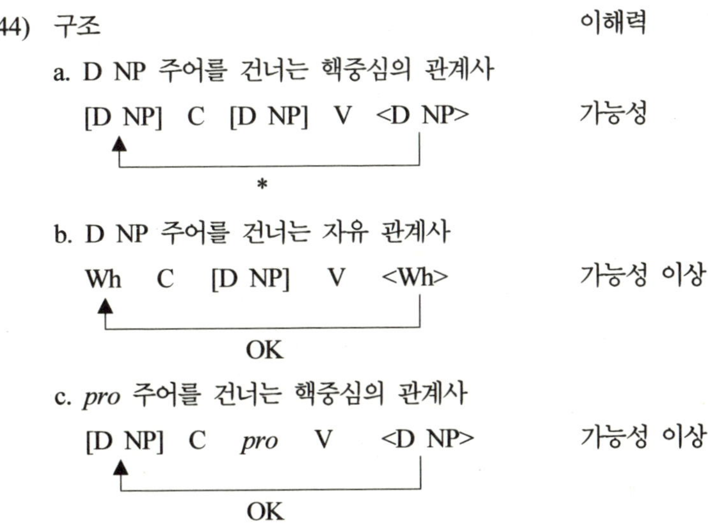

(44a)에서처럼 간섭하는 어휘적으로 제한된 주어를 건너는 어휘적 제한
을 지닌 관계 핵의 이동은 초기 문법에서는 금지된 것으로 보인다. 즉
적형한 표시가 연산될 수 없으며, 아동은 그 구조에 포함된 명사류 표현
에 적절한 의미역 할당을 생각하여 가능성-수준의 언어수행을 만들어낸
다. 만약 관계핵 (44b)나 간섭하는 주어 (44c)에 대한 어휘제한을 중단

함으로써 표적과 간섭자가 충분히 달라진다면, 해석에 있어서 가능성 이상의 성공이 보여주듯이, 선행사-흔적 관계는 이동에 의해서 올바로 연산될 수 있다. 간섭효과가 간섭자와 표적의 형태 유사성에 민감하다는 사실은 바로 상대적 최소성을 생각나게 한다. 즉 이 대조를 상대적 최소성에 속하는 것으로 생각하기 위해서, 어휘적 제한(NP요소)의 유무가 결정적인 역할을 한다고 가정되어야 한다.

이것은 어휘적 제한 유무의 특성이 이동에 있어 가능한 유인자질로서 역할을 한다는 사실에 의해 가능해진다. 그래서 이동을 촉발할 수 있는 다른 자질처럼, 어휘제한의 유무를 나타내는 자질 [+NP]는 상대적 최소성 효과에 책임이 있다.

조기 문법과 성인 문법이 얼마나 다른지, 또 상대적 최소성 효과가 (41b)와 같은 목적어 관계사에서 촉발되는 것이 왜 조기 문법에서만 나타나는지를 설명해야 한다. 관련구조 (44a)를 살펴보자. 분명 유인하는 자질은 관련구조를 나타내는 어떤 중요한 자질일 것이다. 이것을 +R이라고 부르자. 위의 고려사항들에 근거하여 어휘적 제약 [+NP]를 지닌 구들을 표시하는 자질이 포함될 것이다. 핵 중심 관계사들과 자유 관계사들은 이 자질의 유무에 의해서 구분된다. 핵 중심 관계사들에 대해서는 +R, +NP, 자유 관계사들에 대해서는 단지 +R로 표시된다. 따라서 관련구조들은 다음과 같이 나타난다.

(45)   The lion that the elephant wets <the lion>

   X     Z     Y

  +R, +NP   +NP   +R, +NP


(46)   who that the elephant wets <who>

   X   Z   Y

   +R  +NP   +R


(47)   The lion that *pro* wet <the lion>

   X   Z   Y

  +R, +NP    +R, +NP


(45) 경우는 표 (23)의 부분일치에 해당하고, 반면 아동에게 받아들여지고 해석가능한, (46)-(47)에 있는 자유 관계사와 *pro* 주어구문들은 표 (23)의 불일치에 해당한다. (보다 편리한 참조를 위해 (48)에서 반복됨)

(45)와 (46)-(47)사이의 차이를 포착하기 위해 흥미로운 생각은 아동문법은 표 (48)의 불일치(경우 3)만을 허용하는 상대적 최소성을 매우 엄격하게 고수한다는 것이다. 아동문법은 부분일치(경우 2)를 지니는 성인문법에 의해서 허용되는 부분적인 자질간섭도 회피한다.

(48)

| | X | Z | Y | 성인문법 | 아동문법 |
|---|---|---|---|---|---|
| 1. 일치: | +A | +A | +A | * | * |
| 2. 부분일치: | +A, +B | +A | +A,+B | OK | * |
| 3. 불일치: | +A | +B | +A | OK | OK |

이런 더 엄격한 기능방식은 발달체계가 최적으로 간섭을 피하도록 하면서 기능적으로 동기부여되고, 또 복잡성은 표적과 간섭자간의 부분적인 자질중복의 연산에 관련된다. 좀 더 제한적인 국부성원리에 의해서 용인되는 구조집합에서 축소(reduction)는 대가를 치러야 한다. 여기서 목적어 핵 중심의 관계사와 어휘적으로 제한된 목적어를 어휘적으로 제한된 주어를 건너서 이동하는 비논항 구문들을 배제한다. 부분일치 경우의 연산에서 나타나는 문제점은 언어병리학에서 목적어 비논항 구문들과 함께 겪는 문제들이고, 또 정상적인 성인 언어수행에서 목적어 비논항 구문들을 느리게 이해하는 것으로 나타난다.

이 방식은 그럴싸한 경험적인 목적어를 다루려고 시도함으로써 고전적인 언어능력/언어수행 구분에 의해서 비판될 수도 있다. 약섬 환경의 선택적 효과와 같은 엄격하게 문법적인 현상들과 성인들이 목적어 관계사들로 나타내는 느리게 이해하는 시간과 같은 언어수행 현상들을 부적절하게 합해서 범주오류를 초래할지도 모른다. 여기서 관점을 뒤집는 것이 유용하고 바람직하다고 생각한다. 그 문제에 대한 사실은 문법원리들과 심리언어학 문헌에서 제안되어온 어구해부 전략들 사이에 놀라운 유사성이 있다는 것이다.

엄격한 언어능력/언어수행, 또는 문법/어구해부 구분을 고수하는 방식은 그런 유사성들을 포착할 수 없거나 이해할 수 없을 것이다. 여기서 추구되는 방식은 문법/어구해부 상호작용에 대해 강력하게 통합된 견해를 받아들이는 것이다. 그것은 같은 원리인 상대적 최소성이 모든 종류의 간섭구문들에서 작용한다고 주장한다. 즉 간섭자의 자질구조에서 불일치나 일치의 경우에서는 충분한 적형이나 비적형, 그리고 간섭자와 표적의 자질목록에서 부분일치(또는 부분집합-확대집합 관계) 경우에서는 복잡성 효과에 작용한다는 것이다. 그런 복잡성 효과들은 실험대상인 성인들에서 식별할 수 있는 행동결과들을 낳고, 또 특별한 상황(습득, 실문법증)에서 연산에 접근할 수 없게 할지도 모른다. 이러한 연구결과들을 통하여, 우리는 부분적으로는 다르지만 심층적으로 보면 단일한 문법원리가 이런 현상들을 지배한다는 사실을 포착한다.

Adger, D. (2003). *Core Syntax: A minimalist approach.* Oxford: Oxford University Press.

Alboiu, G. (2000). The features of movement in Romanian. Ph.D. thesis, University of Manitoba, Winnipeg.

Alexiadou, A. et al. (2004). *The unaccusativity puzzle.* Oxford: Oxford University Press.

Baker, M. C. and C. Collins (2006). Linkers and the internal structure of *v*P. *Natural Language and Linguistic Theory* 24.

Barss, A. & H. Lasnik (1986). A note on anaphora and double objects. *Linguistic Inquiry* 17.

Baltin, M. R. (1992) On the characterization of the effects of D-linking: comments on Cinque. In R. Freidin(ed.), *Current issues in comparative grammar.* Dordrecht: Kluwer.

Beck, S. & K. Johnson (2004). Double objects again. *Linguistic Inquiry* 35.

Beck S. (1996). Quantified structures as barriers for LF movement. *Natural Language Semantics.*

Belletti, A. (2004a). Aspects of the low IP area. In Rizzi (2004c:16-51)

______ (ed.) (2004b). *Structures and beyond: The cartography of syntactic structures, volume 3.* Oxford: Oxford University Press.

Bobaljik, J. D. (2008). Where's Phi? Agreement as a post-syntactic operation. In D. Harbour, D. Adger, and S. Béjar (eds.), *Phi theory: Phi-features across modules and interfaces.* Oxford: Oxford University Press.

Boeckx, C. (2008a). *Bare syntax.* Oxford: Oxford University Press.

_____ (2008b). Linguistic invariance and language variation: A minimalist perspective on parameters. Paper presented at the 9th Annual Tokyo Conference on Psycholinguistics, Keio University, Tokyo.

_____ & K. K. Grohmann (2004). SubMove: Towards a unified account of scrambling and D-linking. In D. Adger, C. de Cat, and G. Tsoulas (eds.), *Peripheries: Syntactic edges and their effects*. Kluwer: Dordrecht.

_____ & Y. Jeong (2004). The fine structure of intervention in syntax. In C. Kwon and W. Lee (eds.) (2004). *Issues in current linguistic theory: A Festschrift for Hong Bae Lee, Kyunchin*. Seoul: Kyungchin.

Borer, H. (1994). The projection of arguments. In E. Benedicto and J. Runner (eds.), *University of Massachusetts Occasional Papers in Linguistics* 17. Amherst: GLSA, University of Massachusetts.

_____ (2005). The normal course of events (*Structuring sense*, vol. 2). Oxford: Oxford University Press.

Bošković, Ž. (1994). D-structure, θ-theory, and movement into θ-positions. *Linguistic Analysis* 24.

_____ (2002a). A-movement and the EPP. *Syntax* 5: 167-218.

_____ (2002b). On multiple wh-fronting. *Linguistic Inquiry* 33: 351-83.

Brody, M. (1997). Perfect Chains. In L. Haegeman(ed.), *Elements of Grammar*. Dordrecht: Kluwer.

Burzio, L. (1981). Intransitive verbs and Italian auxiliaries. Ph.D. thesis, MIT.

_____ (1991). The morphological basis of anaphora. *Journal of linguistics* 27.

Chomsky, C. (1969). *The acquisition of syntax in children from 5 to 10*.

Cambridge, MA: MIT Press.

Chomsky, N. (1964a). The logical basis of linguistic theory. *Proceedings of the Ninth International Congress of Linguistics.* The Hague, Mouton.

______ (1964b). Current issues in linguistic theory. In J. Fodor and J. Katz (eds.), *The structure of language: readings in the philosophy of language* (Englewood Cliffs, NJ: Prentice Hall, 1962).

______ (1964c). *Current issues in linguistic theory.* The Hague: Mouton.

______ (1973). Conditions on transformations. In S. R. Anderson and P. Kiparsky (eds.), A Festschrift for Morris Halle. New York: Holt, Rinehart & Winston.

______ (1977a). *Essays on form and interpretation.* New York: North Holland.

______ (1977b). On wh-movement. In P. Culicover, T. Wasow, and A. Akmajian (eds.), *Formal syntax.* New York, Academic Press.

______ (1986a). *Barriers.* Cambridge, MA: MIT Press.

______ (1986b). *Knowledge of language: Its nature, origin, and use.* New York: Praeger.

______ (1995a). *Bare Phrase Structure.* In G. Webelhuth (ed.), Government and Binding theory and the minimalist program. Oxford: Blackwell.

______ (1995b). *The Minimalist program.* Cambridge, MA: MIT Press.

______ (2000a). Minimalist Inquiries: The Framework, In Step by Step: Essays on Minimalist Syntax in honor of Howard Lasnik, ed. by R. Martin, D. Michaels, and J. Uriagereka, Cambridge Mass: MIT Press.

______ (2000b). *New horizons in the study of language and mind.* Cambridge University Press.

______ (2001). Derivation by Phase, In Ken Hale: A Life in Language, ed. by

M. Kenstowicz, Cambridge, Mass: MIT Press.

Cinque, G. (1990). *Types of A′ dependencies.* Cambridge, MA: MIT Press.

_____ (1999). Adverbs and functional heads: A cross-linguistic perspective. New York: Oxford University Press.

_____ (ed.) (2002). *The structure of IP and DP: The cartography of syntactic structures,* vol. 1. Oxford: University Press.

_____ & L. Rizzi (2010). The cartography of syntactic structures. In B. Heine and H. Narrog(eds.), *The Oxford handbook of linguistic analysis.* New York: Oxford University Press.

Dowty, D. (1991). Thematic proto-roles and argument selection. *Language 67.*

Fodor, J. A. (1970). Three reasons for not deriving *kill* from *cause to die. Linguistic Inquiry 1.*

Folli, R. (2002). Constructing telicity in English and Italian. Ph. D. thesis, University of Oxford.

Fox, D. & D. Pesetsky (2004). Cyclic linearization of syntactic structure. *Theoretical Linguistics 31.*

Frauenfelder, U., J. Segui, & J. Mehler (1980). Monitoring around the relative clause. *Journal of Verbal Learning and Verbal Behavior 19.*

Friedmann, N., A. Belletti, & L. Rizzi (2008). Relativized relatives: Types of intervention in the acquisition of A′-dependencies. *Lingua 119.*

Fukui, N. (1986). A theory of category projection and its applications. Ph. D. thesis, MIT. Revised version published as *Theory of projection in syntax* (Stanford, CA: CSLI, 1995).

Grillo, N. (2005). Minimality effects in agrammatic comprehension. In S. Blaho, E. Schoorlemmer, and L. Vicente (eds.), *Proceedings of*

*ConSOLE XIII.*

______ (2008). Generalized minimality: syntactic underspecification in Broca's aphasia. Ph.D. thesis, University of Utrecht.

Hale, K. & J. Keyser (1993). On argument structure and the lexical expression of syntactic relations. In K. L. Hale and S. J. Keyser (eds.) *The view from Building 20: Essays in linguistics in honor of Sylvain Bromberger.* Cambridge, MA: MIT Press.

Halle, M. and A. Marantz (1995). Distributed morphology and the pieces of inflection. In K. L. Hale and S. Keyser (eds.), *The view from building 20: Essays in linguistics in honor of Sylvain Bromberger.* MIT Press.

Harley, H. and R. Noyer (2000). Licensing in the non-lexicalist lexicon: Nominalizations, vocabulary items and the encyclopedia. In B. Peeters (ed.), *The lexicon-encyclopedia interface.* Amsterdam: Elsevier.

Heim, I. and A. Kratzer (1998). *Semantics in generative grammar.* Malden, MA: Blackwell.

Horvath, J. and T. Siloni (2002). Against the little-*v* hypothesis. *Rivista di grammatica generativa* 27.

Hornstein, N. (2001). *MOVE! A minimalist theory of construal.* Malden, MA: Blackwell.

Huang, C.-T. J. (1982). Logical relations in Chinese and the theory of grammar. Ph.D. thesis, MIT.

Kayne, R. (1975). *French syntax: The transformational cycle.* Cambridge, MA: MIT Press.

______ (1984). *Connectedness and binary branching.* Dordrecht: Foris.

Kiparsky, P. (1997). Remarks on denominal verbs. In A. Alsina, J. Bresnan, and P. Sells (eds.), *Complex predicates.* Palo Alto, CA: CSLI.

Koopman, H. and D. Sportiche (1991). The position of subjects. *Lingua 85.*

Kratzer, A. (1993). On external arguments. In E. Benedicto and J. Runner (eds.), *University of Massachusetts Occasional Papers in Linguistics 17.*

______ (1996). Severing the external argument from the verb. In J. Rooryck and L. Zaring (eds.), *Phrase structure and the lexicon.* Dordrecht: Kluwer.

Laenzlinger, C. (1998). *Comparative studies in word order variations: Adverbs, pronouns and clause structure in Romance and Germanic.* Amsterdam: John Benjamins.

Larson, R. (1988). On the double object construction. *Linguistic Inquiry 19.*

Legate, J. (2003). Some Interface Properties of the Phase. *Linguistic Inquiry 34.*

Levin, B. and M. Rappaport. (2001). An event structure account of English resultatives, *Language 77.*

Linebarger, M. (1981). *The grammar of negative polarity.* Ph.D. thesis, MIT.

Marantz, A. (1984). *On the nature of grammatical relations.* Cambridge, MA: MIT Press.

______ (1991). Case and licensing. In G. Westphal, B. Ao, and H.-R. Chae (eds.), *Proceedings of the Eastern States Conference on Linguistics,* Columbus: Ohio State University, Department of Linguistics.

______ (2007). Phases and words. In S. H. Choe (ed.), *Phases in the theory of grammar.* Seoul: Dong In.

McCawley, J. (1968). Lexical insertion in a grammar without deep structure.

In B. J. Darden, C.-J. N. Bailey, and A. Davidson. (eds.), *Papers from the Fourth Regional Meeting of the Chicago Linguistic Society.* Chicago: University of Chicago.

______ (1976). *Syntax and semantics 7: Notes from the linguistic underground.* New York: Academic Press.

______ (1979). On identifying the remains of deceased clauses. In J. McCawley(ed.), *Adverbs, vowels, and other objects of wonder.* Chicago: University of Chicago Press.

Merchant, J. (2008). An asymmetry in voice mismatches in VP-ellipsis and pseudogapping. *Linguistic Inquiry* 39.

Nissenbaum, J. (2000). *Investigations of covert phrase movement.* Ph.D. thesis, MIT.

Obenauer, H. (1983). On the identification of empty categories. *Linguistic Review 4.*

______ (1994). Aspects de la syntaxe A-barre. Thèse de doctorat d'ètat, Universitè de Paris VIII.

Pesetsky, D. & E. Torrego. (2001). T to C movement: causes and consequences. In M. Kenstowicz(ed.), *Ken Hale: A life in language.* Cambridge, MA: MIT Press.

______ (2004). The Syntax of Valuation and the Interpretability of features. In *The Oxford Handbook of Linguistic Minimalism,* ed. by C. BoecKx, Oxford University Press.

Pesetsky D. (1987). Wh-in situ: Movement and unselective binding. In A. G. B. ter Meulen and E. Reuland (eds.), *The representation of (in) definiteness.* Cambridge, MA: MIT Press.

______ (2000). *Phrasal movement and its kin.* Cambridge, MA: MIT Press.

Reinhart, T. (2002). The theta system: An overview. *Theoretical Linguistics* 28.3.

Richards, N. (1997). *What moves where when in which language.* Ph.D. thesis, MIT.

______ (1998). The principle of minimal compliance. *Linguistic Inquiry 29: 599-629.*

Rizzi, L. (1978a). A restructuring rule in Italian syntax. In S. J. Keyser (ed.), *Recent transformational studies in European languages.* Cambridge, MA: MIT Press.

______ (1978b). Violations of the wh-island constraint in Italian and the subjacency condition. *Montreal Working Papers in Linguistics 11.*

______ (1982). *Issues in Italian syntax.* Dordrecht: Foris.

______ (1986). Null objects in Italian and the theory of *pro. Linguistic Inquiry 17.*

______ (1990a). On the anaphor-agreement effect. *Rivista di linguistica 2.*

______ (1990b). *Relativized minimality.* Cambridge, MA: MIT Press.

______ (1997). The fine structure of the left periphery. In L. Haegeman (ed.), *Elements of grammar: Handbook in generative syntax.* Dordrecht: Kluwer.

______ (2001a). Relativized Minimality effects. In M. Baltin and C. Collins (eds.), *Handbook of contemporary syntactic theory.* Oxford: Blackwell.

______ (2001b). Extraction from weak islands, reconstruction, and agreement. In C. Chierchia, G. Guasti, and M. T. Cecchetto (eds.), *Semantic interfaces.* Stanford, CA: CSLI.

______ (2004a). On the cartography of syntactic structures. In Rizzi (2004c).

______ (2004b). Locality and left periphery. In Belletti (2004b:223-51).

______ (ed.) (2004c). *The structure of CP and IP: The cartography of syntactic structures, volume 2*. Oxford: Oxford University Press.

______ (2006a). On the form of chains: Criterial positions and ECP effects. In L. L.-S. Cheng and N. Corver (eds.), *Wh-movement: Moving on*. Cambridge, MA: MIT Press.

______ (2006b). On some properties of subjects and topics. In L. Brugè, G. Giusti, N. Munaro, W. Schweikert, and G. Turano (eds.), *Contributions to the XXX Incontro di Grammatica Generativa*, Cafoscarina, Venezia.

______ (2009). Movement and concepts of locality. In Piattelli-Palmarini et al. (2009:155-68)

Ross, J. R. (1967a). *Constraints on variables in syntax*. Ph.D. thesis, MIT. Published in 1986 as *Infinite syntax!* Norwood, NJ: Ablex.

______ (1967b). On the cyclic nature of English pronominalization. In *To honor Roman Jakobson: Essays on the occasion of his seventieth birthday*. The Hague: Mouton.

______ (1976). To have *have* and to not have *have*. In M. Jazayery, E. Polom, and W. Winter (eds.), *Linguistic and literary studies in honor of Archibald Hill*. Lisse: de Ridder.

Rudin, C. (1988). On multiple questions and multiple fronting. *Natural Language and Linguistic Theory 6: 445-501*.

Speas, M. (1986). Adjunctions and projections in syntax. Ph.D. thesis, MIT.

Starke, M. (2001). Move reduces to Merge: A theory of locality. Ph.D. thesis, University of Geneva. Available at: http://ling.auf.net/ling Buzz/000002.

Talmy, L. (1985). Lexicalization patterns: Semantic structure in lexical forms. In T. Shopen(ed.), *Language typology and syntactic description*, vol. 3: *Grammatical categories and the lexicon*. Cambridge University Press, 36-149.

______ (2000). *Toward a cognitive semantics*. Cambridge, MA: MIT Press.

Tomioka, N. (2006). Resultative constructions: Cross-linguistic variations and the syntax semantic interface. Ph.D. thesis, McGill University.

Travis, L. (1991). Inner aspect and the structure of VP. *Proceedings of NESL XXII*. GLSA, University of Massachusetts, Amherst.

______ (1990). *Phrase structure in natural language*. Dordrecht: Kluwer.

Von Stechow, A. (1995). Lexical decomposition in syntax. In U. Egli, P. E. Pause, C. Schwarze, A. v. Stechow, and G. Wienold (eds.), *Lexical knowledge in the organization of language*. Amsterdam: John Benjamins, 81-118.

Wechsler, S. (2005). More problems for Little v-and a lexicalist alternative. Colloquium talk, Stanford University, Fall 2005. Slides available online at: http://uts.cc.utexas.edu/~wechsler/StanfordLittleVhandout.ppt. pdf.

Wurmbrand, S. (1998). Infinitives. Ph.D thesis, MIT.

______ (2001). Infinitives: Restructuring and clause structure. Berlin: Mouton de Gruyter.

Zubizarreta, M. L. and E. Oh (2007). *On the syntactic composition of manner and motion*. Cambridge, MA: MIT Press.

**박연미**
이화여자대학교 영어영문학과 졸업
University of Michigan-Ann Arbor 언어학 석사
University of Wisconsin-Madison 언어학 박사
현재 국립한경대학교 인문사회과학대학 영어학과 교수
ympark@hkun.ac.kr

**서수현**
서울대학교 영어교육과 졸업
서울대학교 대학원 영어영문학과 문학 석사
서울대학교 대학원 영어영문학과 문학 박사
현재 공주교육대학교 영어교육과 교수
ssh@gjue.ac.kr

**최숙희**
한국외국어대학교 영어과 졸업
한국외국어대학교 대학원 영어학 석사
한국외국어대학교 대학원 영어학 박사
현재 한국과학기술원 인문사회과학과 교수
shchoe03@kaist.ac.kr

# GB이론과 최소주의

박연미 · 서수현 · 최숙희

**발행일**  2012년 9월 30일
**발행인**  이성모
**발행처**  도서출판 동인
　　　　  서울시 종로구 명륜2가 아남주상복합빌딩 118호
**등 록**  제 1-1599호
**전 화**  (02)765-7145, 55 / **팩 스** (02)765-7165
**이메일**  dongin60@chol.com / **홈페이지** www.donginbook.co.kr

ISBN  978-89-5506-514-5

**정 가**  10,000원

※ 잘못 만들어진 책은 바꾸어 드립니다.